BIBLIOTHECA INDOLOGICA ET BUDDHOLOGICA 25

# 順正理論における法の認識

## ―有部存在論の宗教的基盤に関する一研究―

# Saṃghabhadra's Recognition of Dharma:

## A Study on the Religious Basis of Sarvāstivāda Ontology

一色　大悟　（Daigo ISSHIKI）

TOKYO: THE SANKIBO PRESS 2020

BIBLIOTHECA INDOLOGICA ET BUDDHOLOGICA

Edited in chief by Masahiro SHIMODA

25

# Saṃghabhadra's Recognition of Dharma:

A Study on the Religious Basis of Sarvāstivāda Ontology

Written by

Daigo ISSHIKI

Printed in March 2020 by the SANKIBO PRESS, Tokyo



Distributed by the SANKIBO PRESS

5-28-5 Hongo, Bunkyo-ku, Tokyo 113-0033 Japan

# 順正理論における法の認識

## ―有部存在論の宗教的基盤に関する一研究―

# Saṃghabhadra's Recognition of Dharma:

## A Study on the Religious Basis of Sarvāstivāda Ontology

一色　大悟　（Daigo ISSHIKI）

# 緒言

本書は，筆者が 2016 年に東京大学へ提出し，学位を授与された博士論文「『順正理論』における法（dharma）の認識」に，改稿を加えたものである．刊行にあたり推敲を施し情報を追加したが，全体の論旨を変更していない．ただし結論中の「今後の課題」は，筆者の研究の進展にあわせ差し替えた．

なお本書および博士論文は，筆者が学術雑誌等に発表した論文をもとに組み立てられたため，既に刊行された内容を一部含む．しかしながら，「法の認識」という一点のテーマに議論を集中させるべく，博士論文として提出するまでに十数回におよぶ書き直しを行った結果，もとになった論文の多くは，筆者本人であっても本書の文面と過去の雑誌論文の記事とを直接結びつけられないほどに溶解してしまった．逆に言えば，このようにして組み立てられた全体の論旨にこそ，本書の新奇性があらわれているということだろう．ともかくも，本書のもとになった過去の拙論を巻末の参考文献表に記したほか，かろうじて原形を保っている部分については，随所で註記している．

本書であつかったのは，衆賢という，インド仏教部派の一派である説一切有部の，その中でもカシミール毘婆沙師と呼ばれる学派に属した一論匠の，アビダルマ思想である．「衆賢」，「説一切有部」，「カシミール毘婆沙師」，「アビダルマ」という単語はいずれも，読者一般はおろか，仏教学の研究者にとってさえ決して身近なものではないかもしれない．有部毘婆沙師は仏教が展開する中でその姿を消し，痕跡をもっぱら文献にのみ留めること，さらに彼らは後に発展した大乗思想から論敵とみなされたことを思えば，彼らの思想がしばしば等閑に付されるのも無理からぬことであろう．しかしそうであっても，有部毘婆沙師の思想を批判的にまとめた『倶舎論』が，東アジアとチベットの仏教伝統において講学され続けたことが暗示するように，たとえ仏教思想史の表面に顕現していないとしても，その基礎に有部毘婆沙師によって蓄積された議論が層をなしていることは疑いない．それゆえにこそ近代仏教学においても，有部毘婆沙師の教理は諸学者によって考究され続けてきた．とりわけ衆賢は，最後期の有部毘婆沙師の一人として仏教思想史の転換点に位置するため，すくなくとも彼に注目した研究者によっては，部派的な知的営為とその後の仏教論理学の懸隔を埋めるミッシングリンクであることを予感されてきた．つまり説一切有部カシミール毘婆沙師と衆賢は，仏教史を一つの知識体系の歴史として捉え，そこで何が継続されているかを知ろうとするとき，避けては通れないものなのである．

そこで筆者は，この衆賢の思想を，その核心において描き出すことを試みた．しかしながら今にして振り返ってみると，筆者のごとき浅学非才の身にとって，この試みは無謀なものであったようにも思われる．衆賢の主著『順正理論』は，漢訳で八十巻に及ぶ大冊であるのみならず，絨毯爆撃のような衆賢の主張，論証，論駁で徹頭徹尾埋め尽くされている．衆賢の苛烈な論理を前に，筆者が自身の未熟さを，読解力の面でも知力の面でも痛感したことは数限りない．拾い上げた知見をかろうじて博士論文にまとめることができたものの，力及ばず明確な像を結ばなかったアイディアは省略せざるをえなかった．また論述も生硬で晦渋なものとなってしまった．このように至らぬところは多々あるものの，本書をあえて出版することにより，斯学学界の注意が衆賢という論匠にいささかでも向けられるならば，それは筆者にとって望外の喜びである．また筆者は，衆賢と説一切有部カシミール毘婆沙師の仏教思想史上の意義をより包括的に語るべく，本書で語りえなかった点ついて研究を継続してゆきたいと思う．先学の方々には，今後ともご鞭撻をお願い申し上げる．

多くの方々が支えてくださったからこそ，筆者はこれまで研究生活を続け，本書の出版に至ることができた．お世話になった方々に対し，賜った恩徳に比して余りにささやかではあるものの，この場を借りて甚深なる謝意を申し上げたい．

筆者は 2000 年に東京大学へ入学して以来，一年強の留学期間を除けば，学部学生として，大学院生として，特任研究員として，特任助教として，同大学に在籍し続けてきた．その大学生活の中で，とりわけインド哲学仏教学研究室の先生方から賜った学恩は，言説をもって枚挙しえないほどのものがある．なかでも院生時代に指導教員であった斎藤明先生には，インド仏教論書研究のディシプリンについて指導していただくとともに，先生のバウッダコーシャ・プロジェクトにおいて研究者生活の何たるかについて教授していただいた．また先生の度量あってこそ，筆者が博士論文に向け遅々たる歩みを続けることができた．にもかかわらず，先生が東京大学ご在職中に学位を取得できなかったことを思うと，慙愧の念に堪えない．下田正弘先生には，博士論文審査の主査をお務めいただいたのみならず，教室において，研究室において，先生一流の思考で啓発していただいた．加えて博論提出から本書の刊行に至る過程においても，下田先生からは様々なご助言を賜った．蓑輪顕量先生からは漢文の読解について，馬場紀寿先生にはインド仏教史の様々な知識についてご教示いただいた．高橋晃一先生は，筆者が投げかけた研究上の相談にいつも親身になって応じてくださるのみならず，本書推敲のための検討会をも開催してくれた．丸井浩先生は，筆者が本書に至る無謀な研究を前に躊躇したとき，背中を押してくださった．助教時代の加藤隆宏先生には，当時に印哲研究室スタッフであった筆者に対し博論執筆のための様々なご配慮を賜った．

東京大学印哲研究室の先輩方，同輩後輩の諸氏からも多くのことを学ばせていただいた．とりわけ佐古年穂先生が東大で行われた有部アビダルマ講義は，筆者が専門の道に進む最初の道標となった．斎藤門下の先輩である加藤弘二郎氏，堀内俊郎氏，石田尚敬氏，松田訓典氏には，読書会やバウッダコーシャ研究会において学問上の稽古をつけていただいた．また筆者は院生時代以来，『倶舎論』勉強会を開催しているが，そこに出席してくださった方々がいなければ，これまで根気よく有部アビダルマの勉強を続けてこられたかわからない．さらに八尾史氏，柳幹康氏，崔境眞氏，楊潔氏，曽柔住氏からは本書の研究に関し忌憚のないご意見を賜り，そのお蔭で筆者は固執をほぐすことができた．伊集院栞氏には，博論提出時に校正を引き受けていただいた．

筆者は現在，幸いにして東京大学連携研究機構ヒューマニティーズセンターに勤務させていただいているが，齋藤希史機構長をはじめとするHMCフェローの方々およびHMC事務局の同僚は，その柔軟かつ鋭利な思考によって学問の世界の広大さを示してくださった．そこで受けた知的刺激が，本書の推敲に活かされていることを願う．

他大学の方々にもお世話になった．特に英国ブリストル大学のR. Gethin先生から受けた薫陶を忘れえない．先生が2013年に来日された際，講筵に加わることができたのは，自身の研究方法について迷っていた当時の筆者にとって貴重な経験であった．また先生は，2016年に筆者が仏教伝道協会の奨学金を得て留学した際，受け入れ先となってくださった．さらに筆者は2014年に結成された部派仏教研究会に参加しているが，本研究会の諸氏に自分のアイディアをぶつけ，意見交換しえたことは，本書をまとめるに不可欠であった．

本書は，2019年度の東京大学学術成果刊行助成制度から補助をいただき，出版されるものである．なお本書のもとになった博士論文のオンライン版は，UTリポジトリで一旦公開されたことがある．刊行に際しオンライン版の公開を停止したとはいえ，山喜房佛書林代表取締役の吉山利博氏は，このような条件のもとでも出版を快諾してくださった．

最後に，説一切有部アビダルマ研究の諸先達へ衷心より敬意を表したい．筆者の研究は，無数の先達たちが積み上げた堅固な知識があってこそ，はじめて形をとりえた．たしかに本書では，諸氏の見解を参照しただけではなく，ときに批判した．しかしそうであっても，筆者の批判は諸氏の学術的価値に対するむしろ賛辞であり，その成果を荘厳しこそすれ，いささかも損なうものではないと確信している．

一方で，斯学発展のためには本書もいずれ批判されるであろうし，されなければならないだろう．そこで読者諸賢に今一度ご叱正を乞うに際し，『倶舎論』註釈者ヤショーミトラが書き記した，次の言葉を想起せずにはいられない．

> もしこの〔書〕が理にかなっていれば受け入れられるべきであり，もしそうでなければ斥けられ，別に作成されるべきである．
> なぜならば，私のような者の覚知は，難険難解な対象において踏みあやまらないではいられないから．　　（AKVy W 1, 17–18. 本書の議論を加味して拙訳）

2020 年 3 月
一色大悟

# 目次

# 序論

『阿毘達磨順正理論』(以下,『順正理論』)*1は,インド仏教部派の一つである説一切有部(Sarvāstivādin,以下,有部)の教義綱要書である.その著者は,衆賢(Saṃghabhadra,5世紀*2)という,有部の中でも毘婆沙師(Vaibhāṣika)と呼ばれる派に属した論師*3だと伝えられている.この序論において本書の問題の所在,目的,方法,構成を説明するに先立ち,まず『順正理論』の資料状況,書誌,先行研究に関し概要を述べる必要があろう.

『順正理論』の全容は,玄奘による漢訳(654年訳出*4,80巻,完本)によってのみ知ることができる.同書の漢訳異訳も,サンスクリット写本*5,チベット語訳も,まとまったものは発見されていない.百済[1982b]によれば,ウイグル語訳,西夏語訳の断簡が中央アジアから出土しているものの,それらはいずれも玄奘訳からの重訳であるという.また衆賢は『順正理論』の抄本である『阿毘達磨蔵顕宗論』を著したとされるが,当該文献も玄奘訳でしか現存しない.加えて『順正理論』に対するインド撰述註釈文献もいまだ現存が確認されておらず,同書のサンスクリット原典を知ることを妨げている.現存する註釈は,玄奘門下で『順正理論』訳出の際に筆受を担当した元瑜による『順正理論述文記』の,ごく一部の断簡にすぎない.もっとも近年,『倶舎論』(*Abhidharmakośa*)諸註釈,

---

*1 『順正理論』の書誌情報をまとめるにあたり,この序論の本文と脚註で言及する文献に加え赤沼[1933–1934: 1–4],福原[1965: 470–511],塚本他[1990: 96–97],WillemenDesseinCox[1998: 240–249],Cox[1999]を参照した.

*2 衆賢の厳密な活動年代は,今なお確定されていない.加藤[1989: 58–68]は,衆賢,世親,経量部諸師の年代を推定し,いくつかの可能性を示している.ただし本書は衆賢その人の思想構造を論じることに主眼をおくものであり,彼の正確な活動年代は直接の問題とならない.そこで今回は年代考察を割愛し,服部[1961]に依拠して想定年代を示した.

なお衆賢のサンスクリット名は一般にSaṃghabhadraとされるが,そのほかにSahantabhadraと表記されることもあるという.佐々木現順[1958: 344–345]参照.

*3 衆賢が毘婆沙師を自認していたことについては,『順正理論』(T 29, 402a14–18; 495c21–22),『顕宗論』(T 29, 807b16–20)参照.

*4 『開元録』(T 55, 557a),また吉村[2012: 272–273]参照.

*5 現在発見されている『順正理論』のサンスクリット写本断片については,YePengLiang[2016],葉他[2018]参照.

*Abhidharmadīpa*, *Pañcaskandhakavibhāṣā*, *Tattvasaṃgrahapañjikā* などの中に『順正理論』の並行文があることが，しばしば指摘されている．したがってそれらをもとに『順正理論』のサンスクリット，チベット語訳断片を得ることは，たしかに可能である．しかし『順正理論』全体の文脈を知るには，依然として玄奘訳に依拠せざるをえない．

この資料状況から予想されるように，『順正理論』の書誌には不明な点が多い．そもそも『順正理論』のサンスクリット原題さえも定かではない．たしかに現代では一般に，**Nyāyānusāra* (or *Nyāyānusāri*)-*śāstra* という原題が想定されている[*6]．しかしこれらは時代が下るウイグル語，漢語資料からの推測に過ぎず，現存するサンスクリット資料において確認されたものではない．なお真諦訳『婆藪槃豆法師伝』（T 50, 190c）及び玄奘の『西域記』（T 51, 891c）は，『順正理論』に『随実論』，『倶舎雹論』という別名があったことを伝えているが，その伝承の真偽も，それらの別名に想定されるサンスクリット原題も目下確証をもって知ることはできない．

加えて衆賢の伝記と『順正理論』の成立事情についても，我々が知りうることは多くない．衆賢と『順正理論』成立については，『順正理論』，『顕宗論』に断片的に示唆されているほか，先述の『婆藪槃豆法師伝』，『西域記』，加えて義浄の『南海寄帰内法伝』，プトンの『仏教史』などにおいて，ごく簡潔に言及されているに過ぎない．これらの現存資料は，加藤［1989: 7–16］によって整理，検証されている．加藤氏によれば，いずれの伝承にも共通して述べられる『順正理論』成立事情は，「世親がカシミールの毘婆沙を批判しつつ『倶舎論』を作った．そして同時代の衆賢がこれに対して反論の書を著した」（同書 14）ことにとどまるという．加えて加藤氏は，『南海寄帰内法伝』（T 54, 229c）に現れる「僧賢」は，「有を論じる」という記述があることから衆賢を指すものと比定している．

加藤氏が指摘するこれらの情報は極めて簡潔ではあるものの，『順正理論』がもつ次の三つの側面を言い表しているだろう．そして現代の『順正理論』研究は，この三つの側面に注目してなされてきたと言ってよい．以下ではその三側面を解説するとともに，先行研究を大別して紹介する．

第一の側面は，『順正理論』が世親（Vasubandhu, 5 世紀）の同時代人によって書かれた『倶舎論』本頌の註釈書だということである．つまり『順正理論』を有部思想史という通時的視点から見た側面である．『順正理論』は『倶舎論』本頌を註釈しつつ，他論書に見られない有部教義に関する多くの情報を伝える．また『順正理論』がそれ以後の『倶舎論』註釈書に与えた影響も無視できない．従来チベット語訳のみが知られていた『倶舎論』安慧（Sthiramati）釈 *Tattvārthā* は，近年サンスクリット写本が発見され，現在テクスト校

[*6] 百済［1982a］，百済［1982b］，加藤［1989: 16–17］参照．

訂が進められている*7．その校訂途中の報告から，安慧が『順正理論』を時に批判しつつも，異論のない部分については『順正理論』の文章を継承していることが明らかになりつつある*8．さらに『倶舎論』安慧釈と満増（Pūrṇavardhana）釈 *Lakṣaṇānusāriṇī*とは文章がよく一致することが知られており*9，また安慧釈と称友（Yaśomitra）釈 *Sphuṭārthā* との関連も指摘されている*10ことを想起すれば，『順正理論』はそれ以後の『倶舎論』註釈書の叩き台を作ったと言えるかもしれない．そして有部思想史をあつかう多くの研究は，『順正理論』の『倶舎論』註釈書としての側面に注目し，『順正理論』を世親以後における思想的変遷の一段階に位置づけてきた．有部アビダルマ研究の多くはこれに類するため，枚挙に暇ない．本書の後の議論に関係するものはその都度言及することとし，ここでは代表的なものとして水野［1964: 375–747］の心所法研究，Cox［2004］による存在論研究，Dhammajoti［2009］による有部思想概説を挙げておく．

第二の側面は，『順正理論』が経量部（Sautrāntika）の立場をとる世親に対し，批判を加えた書だということである．これは『順正理論』を，無論ある程度の時間的幅はあるものの，同時代の文献とともに共時的な平面で捉えた場合に見える側面である．『順正理論』には，世親（「經主」）と「上座」とが主張した経量部的教義解釈が各所で引用されるとともに，それに対しカシミール毘婆沙師の立場から批判が加えられる．『順正理論』に見られるこれらの議論の応酬は，当時の経量部文献が現存しない中で同時代の思想状況を知るための貴重な資料となっている．代表的な研究には，加藤［1989］，Park［2014］がある．これらはいずれも，『順正理論』を主要典拠の一つとして経量部思想の再構成を試みたものである．

第三の側面は，『順正理論』において衆賢が独自の存在論を唱えたということである．これは著者である衆賢の思想そのものに焦点をあわせるとき，浮かび上がる側面である．衆賢は，とりわけ有部の存在論である三世実有説の議論に同論第 50–52 巻（T 29, 621c–636b）という長大な分量を割き，存在の意味について彼独自の議論を展開している．また『順正理論』各所において世親，「上座」らに批判を加える中で，衆賢は様々な法（dharma，現象を構成する要素）が実有（dravyasat, 実体的存在*11）であることを強

*7 松田［2014a］など参照．

*8 松田［2014b: 381–382］など参照．

*9 宮下［1983: 110］，江島［1989: 7］など参照．

*10 福田［2002: 37–38］参照．

*11 本書では dravya にひとまず「実体」という訳語をあてた．しかしながら dravya 概念の解釈には問題が残されているように思われる．かつて佐古［2001］は『倶舎論』における dravya の語義を論じ，説一切有部説は個別性を強調して，世親と経量部は実体性を強調して dravya という語を用いた，と結論した．確かに，氏の結論は『倶舎論』の用例について説得力を保っているだろう．しかし本書であつかう衆賢の

調し，論証を試みた．それらの論証においても，衆賢の存在論が反映されている．

本書は特に第三の側面から『順正理論』をあつかうものであるので，ここで衆賢の存在論の研究史を概観しておきたい．近代において衆賢の存在論にはじめて着目した研究は，LaVallée Poussin [1936–1937] である．すでにこの研究において『順正理論』中の三世実有説該当箇所の全体がフランス語訳されている．日本での本格的な研究の嚆矢は，櫻部 [1952] と佐々木現順氏の諸研究*12であろう．櫻部氏は，三世実有説に関する世親と衆賢の対立を論じ，有部の「有」についての考え方の根本が「爲境生覺是有相（対象となって「覺」を生じるものが「有」の定義である）」「識起時必有境（識が生起するとき，かならず対象がある）」という命題にあることを明らかにした．一方で佐々木氏は衆賢の有の哲学を探求し，『順正理論』の存在論を広く紹介した*13．その後海外でも衆賢の三世実有説は諸学者の関心を引き，Frauwallner [1973]，Williams [1981] によって解説されている．1980 年代後半には青原令知，福田琢両氏によって*14，衆賢の存在論におけるキータームである作用（kāritra），功能（*sāmarthya, *śakti），性類（*bhāva），体相（*svarūpa）などの意味について重要な研究がなされた．青原氏の研究によって諸法の現在時を確定するはたらきである作用が，法の多様なはたらきを意味する功能の一種と解釈しうることが示された．また氏は，衆賢の存在論を認識によって有を規定する「認識論的存在体系」と言い表した．福田氏の研究は，同類因（sabhāgahetu）の取果（phalapratigraha）が最も典型的な作用であることを論じた*15．両氏の研究の後には，諸法の実有に関する各論をあつかい衆賢の議論を解説する研究が主に著されている．代表的なものに Cox [1995]，箕

---

二諦説などを見るに，『順正理論』における*dravya は，認識対象として認識以前に存在する個物であり，何らかの実体性が含意されているようにも思われる．また本書第 2 章の結論を先取りすれば，dravya たる法は仏と仏教修行者という二視線の接点に存在し，両者によって認識されるものであることになるだろう．このような複数の主観の間にある客体を，個別性という意味だけで解釈しきれるのか，筆者は目下結論を出しえていない．

ともかくも，有部論書全体を視野に入れた dravya の語義とその変遷については本書の研究につづく課題とし，ここでは置く．

*12 佐々木現順 [1949]，佐々木現順 [1958]，佐々木現順 [1969]，佐々木現順 [1974]，佐々木現順 [1990]．

*13 三友 [2007: 16] は，佐々木氏の諸研究を「単なる文献学に留まらずその本質を洞察している」と評する．この寸評が含意するように，佐々木氏の研究には氏の仏教に関する洞察が表明されているものの，その文献上の根拠が明確でないことがしばしばある．なお吉元 [1982] は，直接的には *Abhidharmadīpa* の諸思想を研究したものであるが，『順正理論』の三世実有説を引用する際には，多くを佐々木氏の解釈によっている（同書 113–164）．

*14 青原 [1986b]，青原 [1986a]，青原 [1986c]，福田 [1988a]，福田 [1988b]．

*15 なお福田 [1988a: 56–57] は，衆賢のいう引果（phalākṣepa）が同類因（sabhāgahetu）の取果（phalapratigraha）のような異時的因果関係に限定され，同時的因果関係の取果を含まない，という解釈も提示した．この解釈については，秋本 [2002: n. 7] と拙論（一色 [2012]）が疑義を呈している．

浦［2002］，松島［2009］，那須円照［2009］，曹［2014］などがある[*16].

La Vallée Poussin 氏以来の 80 年に及ぶ蓄積は，衆賢の存在論研究に上記のような多くの成果をもたらした．その研究の現状は，重要箇所の紹介と諸概念の解明が進みつつある状況，と総括できるだろう．その一方で研究が進展することにより，衆賢の存在論に従来の理解では齟齬を生じてしまう，解釈上の問題点が指摘されつつある．しかも，管見によれば，それらの問題点に対しては未だ十分な考察が加えられておらず，未解決のままとなっている．

例えば，衆賢のいう存在（「有」）あるいは彼の存在の定義（「有相」）に関し，現代の研究者の解釈は二つに割れている．衆賢が存在（「有」）を「爲境生覺（対象となって「覺」を生じるもの）」と定義していたことは，先に上げた La Vallée Poussin，櫻部，佐々木ら諸氏の指摘以来広く知られていた．しかしその後の研究により，この定義が『順正理論』の記述に照らして二通りに解釈されうることが指摘された．第一に，存在の定義は認識と別に認識対象が存在することを主張しているとみなす解釈，第二に，その定義は認識に現れたものを「存在する」と判断すべきことを主張しているとみなす解釈である．つまり前者によれば，衆賢の存在論に言う「有」とは認識に先行する外界の対象を意味することになり，後者によれば認識内部の判断と言語表現の内容を指すことになる．この二解釈が容易に相容れないことは一見して明らかである．さらに附言すれば，衆賢が有部アビダルマ思想の最後期，仏教論理学の成立の直前の時代に活躍したことに鑑みると，この解釈の揺れは単なる一語一句の理解の問題にとどまらず，彼の思想史的位置づけを左右する重大な問題につながる．でありながら先行研究は，この二解釈の差異を指摘するものの，いずれの解釈が妥当か，あるいは二解釈が両立するならばそれはいかにして可能かを解明しえていない（詳しくは本書第 1.2 節参照）．

加えて，衆賢の存在論における認識（「覺」）の具体的内容も解明されていない．衆賢は，過去未来法が存在することをそれらが認識されることを根拠に論証しようとする（第 1.2.3 節参照）．また衆賢が諸法の実有を論証する際にも，その法が他から区別されて認識されるか否かが重要な論点となる（第 2.2.1 節参照）．大略的に言えば，法は論書読者に認識されるので存在している（実有である），という主張を衆賢は繰り返していることになるだろう．これは「爲境生覺」という彼の「有」の定義と軌を一にするものであると言ってよい．しかし一方で，涅槃，経験されていない過去未来法などについては，論書読者に認識されずとも仏などによって認識されるならば存在する，と衆賢が認めていた事例も先行研究によって指摘されている（第 2.2.1 節参照）．これらの事例は，それら諸法が完全に

[*16] これらとは別に，衆賢の三世実有説そのものを対象とする同年代の研究に陳［2007］がある．

認識不能であるというものではないので，法は認識されるので存在するという衆賢の主張とたしかに矛盾するものではないだろう．しかし，法の存在を確定する認識には何らかの限定が附されていることが示唆されていると言ってよい．でありながら先行研究はこのような事例を指摘するにとどまり，法の存在を確定する認識にはどのような限定が附されると衆賢は考えていたのか，またその限定はいかなる前提に依拠しているのかについて，いまだ議論が及んでいない（本書第 2.2 節参照）．

これらの問題が出来した理由は，『順正理論』そのものの論述形式と先行研究の研究方針の両者に求めることができるだろう．先に『順正理論』の第一，第二の側面として述べたように，同書は『倶舎論』本頌を註釈する教理綱要書の体裁をとり，その随所で世親，「上座」の教理理解に批判を加えつつ形而上学的議論を展開している．つまり『順正理論』全体の主題は，有部アビダルマ文献に伝統的な構成によって輪廻と解脱を解き明かすことにあり，衆賢一流の思想がその背後に意識されているとしても，対論者の教理理解を論駁する際に必要に応じて散説されるに過ぎない．これに対し先行研究の多くは，『順正理論』の特定箇所を中心資料とし，それを訳註あるいは解説することを主眼としてきた．その結果として各部分ごとの議論が解説され，あるいはそこに現れる諸概念の意味が明らかにされてきたことは，先述のとおりである．しかし『順正理論』の論述形式を勘案すれば，衆賢の思想の統一的理解のためには，散説された個々の議論を俯瞰的に捉えつつ掘り下げて考察し，それらの基盤となった衆賢の哲学的，宗教的理解を析出する必要があることは明らかである．しかし現状において，俯瞰的視点を保ちつつ衆賢思想の基盤を解明する研究は十分になされていない[17]．これゆえにこそ，『順正理論』の特定部分にもとづいた理解相互の間に齟齬が生じていると考えられる．

---

*17 『順正理論』全体を視野に入れた衆賢の存在論研究は，これまで全くなされなかったわけではない．そのような研究として，本文中で先に言及した曹[2014]および佐々木現順氏の一連の著作を挙げることができる．しかしこれらはいずれも，さらなる研究を必要としていると言ってよい．

曹氏は同書序論において，『順正理論』が三世実有論と有部の諸理論を整合的に論じた書であり，「哲学的“整一性”之美」（同書 3）を備えていると評価し，その「核心思想」（同書 7）は実有という概念だと断じる．そして法の実有に関する議論を収集，解説するとともに，同書と婆沙論，『倶舎論』などの関連文献との思想的異同をまとめている．同書は，『順正理論』を主題とする世界的にも稀な単著であり，また『順正理論』の主要箇所を概観するには便利な書であるだろう．しかしながら曹氏は，『順正理論』が「哲学的整一性」を備えていると言う一方で，筆者が本文中で指摘した衆賢思想の解釈上の問題にまったく言及せず，看過してしまっている．また氏の指摘のとおり，衆賢は法の実有を一貫して主張しており，それが彼の思想の要点であったことはたしかに疑いないだろう．しかし衆賢が実有を主張した理由，換言すれば衆賢は実有を主張することによりいかなる哲学的，宗教的立場を表明したのかについて，曹氏の著書は踏み込んで論じていない．その著書の大部分は，各議論の解説及び『順正理』と他の論書との思想的異同を指摘するに留まっている．この曹氏の研究と比較するならば，本書の特色は，衆賢の思想基盤を掘り下げて論じることにより各要素を有機的に結びつけ，さらに一歩進んだ『順正理論』の理解を目指す点にある．

他方，佐々木現順氏の研究については，註*13 で述べたとおりである．

そこで本書では，『順正理論』の重要各部を総合的に吟味することを通じ，衆賢の存在論の背景となった世界観，宗教観を取り出すことを目的とした．これは，『順正理論』各部分の解明が進展した現在において設定可能な目的である．加えてこれが達成されることにより，衆賢思想を整合的に理解する可能性が，さらには先に例示した衆賢思想解釈上の問題について解決する方途が示されることを期待できる．したがってこの目的は，衆賢思想の主要要素が紹介されつつある現在においてこそ設定可能であるのみならず，衆賢の存在論研究における目下の要請に答えるものであると言えよう．

もちろん『順正理論』を総合的に吟味するといっても，漢訳で八十巻にもおよぶ同書全体を固有の文脈を無視して一括して論じるならば，恣意的の謗りを免れないだろう．したがって衆賢の思考の核心に踏み込むことを可能にする，妥当な切り口が必要となる．そのために本書が着目するのは，衆賢の存在の定義「爲境生覺」に含まれる「覺」という概念である．本書のタイトル『順正理論における法の認識』にいう「認識」とは，この「覺」を指す．本書では，これを〈覚知〉と表記した[*18]．そもそも，存在の定義が衆賢の存在論の核にあること，その中で〈覚知〉がキータームであることは上述の先行研究から明らかである．しかしながら先行研究は，〈覚知〉という概念に言及するものの，その具体的な意味を未だ特定しえていない（第 1.4.1 節参照）．そして筆者が先に指摘した『順正理論』解釈上の問題点も，結局のところ，存在を規定するような〈覚知〉とは何か，また何ゆえに，どのようにして〈覚知〉によって存在が規定されるのかが明らかになっていないことに由来すると言ってよいだろう．これゆえまず本書では存在の定義の解釈問題を再吟味することにより，衆賢の存在論に対する〈覚知〉という新たな切り口を得る．この〈覚知〉という切り口から改めて捉え直すことで，衆賢の存在論の従来知られなかった側面が開示されるだろう[*19]．

---

*18　「覺」のサンスクリット原語，語義などについては第 1.2.2, 1.4 節で改めて論じる．

*19　この研究を着想するに際し，筆者は飛田 [2006]（飛田 [2013: 50–86] に再録）から多大な影響を受けた．

飛田氏は三世実有説が有部において導入された理由を探求するために，それを導入した最初期の論書『識身足論』における，「観察されるから」過去未来が存在する，という論証を詳細に分析した．すでに宮下 [1994: 117] によって，『識身足論』における過去未来存在論証の多くは観察一般ではなく如実智の文脈でなされていることが指摘されていたが，飛田氏はさらに論を進め，存在の論拠となっている観察が，解脱や涅槃に必要な「〈正しい観察〉」であることを明らかにした．そして，その〈正しい観察〉が有部においては「個別のあり方をするものとして存在するものをありのままに知ること」と理解されたことが，「観察されるから」過去未来が存在するという論証の背景にあると結論した（飛田 [2006: 18–19]）．

飛田氏の研究は『識身足論』を対象としたものであるため，最後期の有部論書『順正理論』をあつかう本書と個々の論述や資料が直接関連するわけではない．しかし氏が，「認識されている」という根拠の意味を掘り下げた結果，それが一般的な認識ではなく，有部独自の教理的意味が込められた認識であることを解明した点は注目に値しよう．つまり氏の論文は，有部論書において認識などの語が現れる場合，それが現代の我々によって想像されるような，一般的な認識を必ずしも意味しない可能性があることを，強く

以下に続く本書の構成は，次のとおりである．

第1章では，衆賢の存在論の根底にある，存在を認識する過程についての理論を取り出し，その過程における〈覚知〉の性質を考察した．先述のように，衆賢が「有」を〈覚知〉を生じる認識対象と定義したことはよく知られているが，先行研究によってその定義の意味は二通りに解釈されてきた．まず実際に『順正理論』中で衆賢が二通りの意味で定義を使用していることを確認した後，そのような存在の定義の意味の揺れが衆賢の存在認識に対する理解を反映している可能性を指摘する．次に衆賢の二諦説を検討し，存在の定義から予想された存在認識の過程が二諦説に含意されていることを検証する．さらにその存在認識過程において重要な概念である〈覚知〉の意味についても考察を加える．

第2章では，前章の結論を踏まえた上で，法が存在する根拠を衆賢は何においていたのかを探求する．前章の結論をさらに分析することで，論書読者（論証者）が〈覚知〉によって存在判断を下すのに先行して，認識対象たる法が存在している，と衆賢が考えていたことが明らかになるだろう．この法の存在に関する衆賢の理解には，認識以前に法が存在すると確信しうるような，暗黙の前提があったことを予想させる．この前提を解明するにあたり，本書では『順正理論』に見られる認識不可能な諸法についての記述を手がかりとして用いた．この諸例を考察することを通じ，衆賢は諸法を仏説によって確定された事実と理解していたことが明らかになるだろう．そこでさらに議論を進め，衆賢が仏説を権威として考えた理由を考察する．考察にあたって『順正理論』「弁業品」でなされる仏説が信頼すべき人の伝承（「至教量」，*āptāgama）であることの論証と，『顕宗論』「序品」でなされる仏が一切智者であることの論証との構造を分析し，衆賢が何を仏説の権威の根拠としていたかを明らかにする．

---

示唆している．したがって飛田氏の研究を踏まえれば，有部論書をあつかう際には，たとえ形而上学的，哲学的議論についてであっても，その基盤に彼ら独自の宗教的世界観が横たわっている可能性を配慮する必要があることになろう．

筆者は，飛田論文の示唆が『順正理論』解釈上の問題を解く糸口たりうる，と着想して本書の研究を行った．なお結論を先取りすると，衆賢もやはり自身の存在論を究極的には仏などの修行者の認識によって基礎づけており，『識身足論』に近い理解をとる．三世実有説を提唱した最初期の論書の一つと最後期の論書の一つとが共通して宗教的意味を持つ認識を存在の根拠とすることは，有部の存在論を考察する上で興味深い一致と言えよう．本書の主題と関わらないため，今回この両者の間の思想史については議論が及ばなかった．むしろ，それは今後に期待される研究であろう．

本書の原形である博士論文「『順正理論』における法（dharma）の認識」は，上記の着想から出発し，十数度の全面改稿を経てまとめられたものである．なお筆者は，このように博論を執筆する途上で浮上してきた，そして最終的には本書の一部へとつながっていったいくつかのプランを，部派仏教研究会第1–3回会合において口頭発表し（「『順正理論』における認識に現れない実有」（2015年1月15日，於文京区湯島地域活動センター），「『順正理論』における如実知と仏説」（2015年6月13日，於京都大学），「『順正理論』における存在認識の過程」（2016年1月12日，於東京大学仏教青年会）），そこで得たフィードバックをもとに改稿を重ねた．研究会出席者から得た示唆については，随所で註記している．

結論では以上の考察を総括するとともに，その総括をもとに衆賢思想および説一切有部思想の研究における課題を指摘する．

なお本書は，『順正理論』を俯瞰する思想研究としての性格上，特定の一章一節に対する校訂あるいは訳註を附録として添えていない．ただし論文中で『順正理論』各部を引用する際は，筆者の理解を明示するため，先行研究を参照しつつ新たに翻訳した．翻訳にあたっては『大正新脩大蔵経』を底本としたが，正確な読解を期すために，サンスクリットあるいはチベット語訳の関連文献から『順正理論』並行文を可能な限り収集することで読みの検証を行った．なお本書において『順正理論』などの漢文文献を引用する際には，筆者の読みを示すため句読点を改めた．訂正前の句読点については，各引用文の引用元を参照されたい．また引用文の前後の文脈，あるいは『順正理論』全体の構成は，赤沼 [1933–1934] で確認できる．

もう一点，テクスト名の表記について附言したい．本書では現存するテクストを示す場合，『(書名)』と表記した（例：『新婆沙』)．一方で「迦多衍尼子が発智論を編纂した」などというように，具体的に指示するテクストが明らかではない場合，あるいは文献ジャンルを指す一般名詞としての書名に言及する場合は，『　』なしで書名を表記した（例：婆沙論)．

# 第1章

# 存在を認識する過程

## 1.1 はじめに

本章では，存在がいかなる過程を経て認識されると衆賢が理解していたのかについて，『順正理論』の記述をもとに考察する．そして，その存在認識過程の中でキータームとなる「覺」(〈覚知〉) の性質を分析する．

衆賢の認識論については，非存在を対象とする認識をめぐる毘婆沙師と経量部の論争をあつかった坂本 [1981: 135–153] と Cox [1988]，主に説一切有部と経量部との知覚に関する論争を主題とする Dhammajoti [2007a]，仏教における自己認識の思想史を論じた Yao [2005: 42–96]，有部アビダルマから瑜伽行派および仏教論理学への認識論上の議論の継承を論じた Kwan [2010] などの研究が蓄積されている．しかしながらこれらの研究はいずれも，有部と経量部などとの間で表立って論点とされた諸問題，たとえば無を対象とする認識の可否を論じる無所縁心論争，認識主体たる存在の構成要素 (法，dharma) を考察する識見根見論などについて，論争史を整理するものであり，本章の主題である存在とその認識に関して直接言及していない．

これに対し衆賢の存在論そのものに関する諸研究から，本研究の出発点となる知見が得られる．衆賢の存在論は，青原 [1986b: 78] によって「認識論的存在体系」，Cox [2004: 578] によって "epistemological ontology" と呼ばれていることからも伺えるように，存在の意味と構造を認識との関係から論じている．そのため彼の存在論の中には，対象の認識と存在の判断の過程に関し，重要な記述が織り込まれていると言ってよい．しかしながら序章で指摘したように，衆賢の存在の定義に関し諸先行研究の意見が分かれており，彼の存在論を一義的に解釈できない状況となっている．そこで本章では，この解釈問題を再考することを端緒として，『順正理論』から存在と認識に関する諸記述を取り出し，精査する．それを通じ衆賢の思考の断片を読み取り，再構成することで衆賢の念頭にあった存在認識の過程を明らかにしたい．

まず第1.2節では，『順正理論』「弁随眠品」で論じられる三世実有説とその解釈を検討し，その存在論の背景にある存在認識の構造を抽出する．次に第1.3節では，同論「弁賢聖品」における二諦説をもとに，前節で抽出した存在認識の構造に裏づけを与え，その構造についてさらに詳細な理解を得る．第1.4節では，衆賢の存在認識過程で重要なタームとなる〈覚知〉の生起過程について，『順正理論』の主要な用例をもとに整理する．最後に第1.5節では，以上の各節から得られた情報をまとめ，存在認識の過程に関する衆賢説を再構成する．

## 1.2 存在の二つの意味

### 1.2.1 三世実有説における認識論的関心

三世実有説とは，現在（pratyutpanna, vartamāna）のみならず過去（atīta）・未来（anāgata）の諸法までもが存在するという主張であり，特に説一切有部の毘婆沙師と呼ばれる一派によって支持された説である[*1]．三世実有説は，諸法の存在と時間を論じるものであることが一見して明らかであるものの，加えて認識論とも伝統的に密接な関係にあり続けたことが知られている．というのも現在確認されている最初期の三世実有説から『倶舎論』に見られるものに至るまで，過去未来の諸法が存在することの根拠の一つを，それらが認識されることに置く例が見出されるからである．現存する有部論書中で過去と未来とが存在するという主張の最古の例は，『識身足論』「目乾連蘊」（T 26, 531a–537a）と考えられているが[*2]，そこに挙げられる44の論証のうち35が，過去未来が観察されることを根拠としている[*3]．同様に認識されることを根拠として過去未来の諸法が存在するという議論は，『鞞婆沙』「鞞婆沙三世処」（T 28, 464b–c），『成実論』「有相品」（T 32, 254a–c）に見られる．また『倶舎論』は，三世実有説を批判するにあたってその根拠を二

[*1] 多くの先行研究は，有部論書で「過去未来法が存在する」というとき，その「存在」はいかなる意味においての存在なのか，またその存在理解は思想史上どのように発展したのか，という問題に対し関心を寄せ，繰り返し論じてきた．しかしながら本書の関心は衆賢の存在論の基礎となった世界観，宗教観を解明することにあり，それゆえ有部の三世実有説を解釈することは，関連するテーマではあるものの，ここで考察されるべき対象ではない．むしろその考察は，本研究を踏まえて次の段階でなされるべきであるだろう．それゆえここでは，三世実有説に関する一般的な知識を紹介するにとどめた．なお三世実有説に言及する研究は枚挙に遑ないが，Cox [1995: 134–156]が現代における古典的な概説として第一に挙げられよう．

[*2] 宮下[1994]参照．

[*3] 飛田[2006: 3]参照．

教証二理証に整理するが，そのうち一教証一理証は過去未来の認識可能性に言及するものであった（Pr 295, 7–19）[*4]．他方，三世実有説には譬喩者（Dārṣṭāntika）あるいは経量部（Sautrāntika）などと呼ばれる批判者がいたことが『成実論』（上記箇所），『倶舎論』（Pr 300, 16–301, 19）などの諸論書に記録されている．それらの記録によれば，認識されるものが必ずしも存在しない場合を反例として挙げ，過去未来は認識されるので存在するという論証へ反論を試みたという．このように，三世実有説は直接的には存在と時間を論じるものではあるが，存在・非存在とその認識可能性に関する議論を伝統的に包摂していた．

衆賢は，三世実有説に関して当時蓄積されていた議論を踏まえ，諸法の存在を認識に直結させて論じる独自の存在論を示し，三世実有説を再解釈したことが知られている．衆賢の三世実有説がこれまで様々な角度から研究された結果（序論参照），存在の定義（「有相」，*sallakṣaṇa, *sattvalakṣaṇa），実有（dravyasat）と仮有（prajñaptisat）との下位分類，無所縁心の否定，諸法の体相（*svarūpa）と性類（*bhāva）との区別，功能（*sāmarthya, *śakti）と作用（kāritra）との包摂関係などといった，重要な論点が明らかになるとともに，彼の存在論が存在と認識とを密接に関連させるものであったことが指摘されている．そのため，彼の存在論が研究者に “epistemological ontology” などと呼ばれていることは，先に述べたとおりである．しかしながら従来の研究は，衆賢の三世実有説における存在のあり方を解明することに重点が置かれており，彼の存在論が背景とする認識のあり方を論じたものをいまだ見ない．そこで本節では，先行研究が明らかにした成果を参考にしつつ，衆賢の存在論を分析することによって，従来明らかにされていなかった衆賢の存在論の認識論的側面を析出する．ただし彼の定義は認識論的背景をもつことは明らかではあるものの，存在の定義という名称が示しているように，直接的には存在とは何かを論じるものである．そのためその意味を正確に踏まえなければ，そこに含意された存在認識過程を正確に析出することはできない．したがってまず先行研究を参照した上で存在の定義の意味を明らかにし，そこに込められた存在認識の過程を浮き彫りにする．

### 1.2.2 存在の定義に対する二解釈

存在の定義（「有相」，*sallakṣaṇa, *sattvalakṣaṇa）とは，『順正理論』三世実有説の冒頭（T 29, 621c）において過去未来の存在を論証するために衆賢によって提示される説である．衆賢は，過去未来を存在するという論者と存在しないという論者の対立として三世

*4 福原［1958: 235］など参照．

実有説に関する論争を総括した上で，過去未来が存在しないと説く論者には存在の定義に誤解があると指摘する．そして過去未来が存在することを理解するための大前提として，衆賢は「真正な存在の定義（真有相）」を提示する．まず，該当箇所を引用したい．

我於此中作如是説：爲境生覺是真有相．（『順正理論』T 29, 621c20–21）

【訳】私はこれ（存在の定義）について次のように説く．「境」となって「覺」を生じるものというのが真正な「有」の定義である．

この定義文は，「有」，「覺」，「境」という三つの概念からなっている．この中で「有」は，アビダルマディーパの関連箇所（ADV J 261, 11–263, 2）との対比から，およびこの定義の直後（同 621c21ff.）で「有」が実有（dravyasat）と仮有（prajñaptisat）に区別されることにもとづいて，そのサンスクリット原語には sat が想定される．sat は存在を意味する動詞語根 $\sqrt{\text{as}}$ の現在分詞形であり，直接的には「存在するもの」を意味する．この存在の定義において衆賢が「有」をどのような意味で「存在するもの」として考えていたか，ということは本節の主題と関わる問題であり，本節の考察を通じて理解されるだろう．次に「覺」は，LaVallée Poussin [1936–1937]の訳註以来，原語には buddhi が想定されている．その根拠には，アビダルマディーパの存在の定義においても buddhi という概念が用いられること[*5]，『俱舎論』の三世実有説においても buddhi が「覺」と訳される例は見出されること[*6]，また次節で論じる二諦説においても buddhi が「覺」と訳されること

*5 *Abhidharmadīpa* の第 304 偈では，三世実有説に関連して存在の定義が論じられる．その存在の定義は，“buddhyā yasyekṣyate cihnaṃ tat saṃjñeyaṃ caturvidham”（ADV J 262, 1）（【訳】buddhi によってその特徴が観察されるところのもの（存在, sat）は，四種であると知られるべきである）というものであり，buddhi が『順正理論』でいう〈覚知〉と同様の役割を果たしていることを確認できる．

*6 存在を認識するものとしての buddhi は，『俱舎論』三世実有説のサンスクリット文中で三度言及される．原文と玄奘訳文とを対照して，以下に示す．和訳は，サンスクリット文についてのものである．
【1】“yathā cānāgataṃ vartamānaṃ bhaviṣyati tathā buddhyā gṛhyate /”（Pr 299, 24）
「亦如當現在所領色相，如是逆觀未來爲有．」（玄奘訳『俱舎論』T 29, 105c8–9）
（【訳】また未来〔の色法〕は，現在であるとき存在するであろうように，そのように buddhi によって把捉されるのである．）
【2】“anāgatāvastha iti cet / sati kathaṃ nāstibuddhiḥ /”（Pr 300, 10）
「若謂：「聲無住未來位」，未來實有，如何謂：「無」？」（玄奘訳『俱舎論』T 29, 105c25–26）
（【訳】〔毘婆沙師たちが〕未来の段階に〔存在する音声が所縁である〕というならば，〔未来に〕存在するものに対し，どうして「存在しない」という buddhi があるのか．）
【3】“itarathā hi sarvabuddhīnāṃ sadālambanatve kuto ’sya vimarṣaḥ syāt ko vā viśeṣaḥ /”（Pr 300, 15–16）
「若異此者，則一切覺皆有所縁，何縁於境得有猶豫，或有差別？」（玄奘訳『俱舎論』T 29, 106a2–4）
（【訳】実にそうでないならば，すべての buddhi が存在するものを所縁とするとき，何ゆえにこの〔菩薩〕にとって考慮がありえ，あるいは何が〔菩薩とそれ以外の人との〕差異であるのか．）

が挙げられる．この「覺（*buddhi）」は，文脈上認識を意味することは明らかではあるものの，それがいかなる認識を指すかについて『順正理論』で直接論じられることはなく，不明な点も多い．したがってこの語の意味については，衆賢の認識過程を検討した後に第1.4節で改めて論じることとし，以下では特に区別して「〈覚知〉」と表記したい．最後に「境」は〈覚知〉を生じるもの，つまり認識対象である．なお『倶舎論』安慧釈チベット語訳文[*7]に引用される存在の定義の中では，この「境」は「〈覚知〉が生じる原因（blo skye ba'i rgyu）」というように「原因（rgyu）」と訳出され，玄奘訳との間に若干の用語上の齟齬がある．しかし三世実有説の別の論点に関連して衆賢が，認識対象は認識の生因となることを強調している[*8]ことを勘案すれば，境も「原因（rgyu）」も表現は違えど内容上は同じく認識対象を指すと考えてよいだろう．以上を総合すれば，衆賢は存在するものを，〈覚知〉を生じる認識対象，と定義したと言ってよい．

この定義は，諸研究によって衆賢の存在論の核心をなすものとして位置づけられ，様々な角度から吟味されている．存在の定義に対し諸研究が与えた解釈は，次の二つに大別することができる．

第一に，彼の存在の定義は認識対象が存在することを述べる，とみなす解釈である．衆賢の存在の定義は，議論の伝統に鑑みても，『順正理論』における文脈（後述）を参照しても，無所縁心論争に対する回答として理解できるだろう．梶山 [1983: 20–28]は，有部

---

例【1】では「buddhi によって把捉する（buddhyā gṛhyate）」という表現が単に「觀」と訳され，また【2】では省略されてしまっている．しかし例【3】では buddhi が「覺」と訳されていることを確認できる．したがって，存在を認識するものとしての buddhi は必ずしも「覺」と訳されるわけではないものの，三世実有説の文脈で述べられる存在を認識する「覺」の原語として buddhi を想定することは，この『倶舎論』の用例を見る限りでは排除されないだろう．

なお，例【3】の文は世親の三世実有説批判の一部であるが，『順正理論』（T 29, 622c22–23）にそのまま引用される．そしてその前後で衆賢は，世親の言う「覺」と自身の〈覚知〉を区別することなく議論を進めている．したがってこの文脈における衆賢は，『倶舎論』にいう buddhi が『順正理論』にいう〈覚知〉と等しいものと理解していたと解釈できる．これも，〈覚知〉の原語を buddhi と想定する根拠の一つたりえよう．

*7 TA（P tho 285a4–5），秋本 [2000: 227–228; 232]参照．

なお秋本 [2016]の「まえがき」によると，秋本氏は多年にわたって継続してこられた三世実有説研究を集大成しつつあり，同書に続く下巻では『倶舎論』安慧釈三世実有説部分の梵文校訂本を発表する予定であるという．もしそれが発表されたならば，『順正理論』研究は長足の進歩を遂げるだろう．

筆者は，博士論文審査中に秋本氏の同書を読み，梵文テクストが発表される予定があることを知った．そこで，下巻の刊行を待ち，『倶舎論』安慧釈梵本の情報を反映した上で，自身の博士論文を出版する，という腹案を立てた．しかしながら管見によれば，約四年を経たものの下巻はいまだ出版されていない．そこでやむをえず，秋本氏の校訂作業にいささかなりとも参考になることを期待しつつ，本書を先に刊行した．一人の『順正理論』を研究する者として，秋本氏がご研究を完成されることを願ってやまない．

*8 認識に対して対象は単なる所縁にとどまるものではなく生因であることを，衆賢は「識二縁生」という仏説をめぐる世親との論争の中で強調している．『順正理論』（T 29, 627c–628a）参照．

が三世実有を認識対象が存在することによって論証することと，認識が外界に対象を必要とする無形象知識論とは表裏一体の関係にあると論じ，衆賢の存在の定義は「知識の対象となるものは知識とは別個に存在しているということ」(同論文 27) を意味すると考えた．Cox [1988: 48] もこの存在の定義を無所縁心論争と関連づけて論じ，存在の定義とは認識が現れるとき所縁が非存在ではありえないとするもの，と理解している[*9]．この解釈によれば，衆賢は，認識対象が存在するかしないかという存在論的関心のもとで，存在の定義によって存在するものこそが認識されると述べたことになる．

第二に，彼の存在の定義は存在という言葉の意味を定義している，とみなす解釈である．〈覚知〉を生じるものが存在するものであると定める場合，過去未来であっても認識される限りは「存在」していることになる．櫻部 [1952] は，三世実有をめぐる有部と経部の立場の相違が「存在そのものに對する考へ方の相違にあるといふよりも，寧ろ有或は無といふ語によつて如何なる内容を意味せしめてゐるかといふ，語の用法上の相違にあるとさへ云へるのではないか」(同論文 47) と指摘した．そして衆賢の存在の定義を「有に對する有部の考え方の根本」(同論文 52) と位置づけた上で，この意味において「法の體は三世に實有である」(同) という．Cox [2004: 576–578] は，有部の存在論がカテゴリー論的なものから認識論的なものと変わっていった認識論的転換 (epistemological shift)[*10] を示す一例として，衆賢の存在の定義を位置づける．そして，衆賢にとって「法という語は，永続する実体 (permanent substance) ではなくむしろ認識のカテゴリー，つまり認識を通して確認される対象領域 (objective locus) を意味した．世界は認識されたものとしてのみ存在し，我々の経験における所与の諸対象 (dravya) にあらわれたこの認識された世界の規則性は，その構成要素たる法を通して表現される」(同論文 578，引用者和訳) という．この解釈によると衆賢の存在の定義は，「存在する」という語を「認識されている」と意味づけることによって，過去未来を含め認識世界に現れるすべてを「存在している」と判断できるようにするものであった．換言すれば，衆賢は存在の意味を認識論的に定義することを意図して，存在の定義によって認識されるものこそが存在するものであると述べたことになる．

存在の定義は，第一の解釈によれば存在するものこそが認識されることを意味し，第二の解釈によれば認識されるものこそが存在することを意味する．つまり二つの解釈は正反対の方向で思考を行うものであり，したがって衆賢の存在の定義には相容れない二つの解釈がなされていることになる．しかしながら管見によれば，先行研究は両者のうち一方の

---

*9 衆賢の存在の定義に関し，Williams [1981: 236–237] も同様に理解する．

*10 有部の存在論が徐々に認識論的傾向を強めたことについては，加藤 [1985] 参照．

解釈にそって議論を進めるものの，二解釈の差異と両者の是非とが論じられたことはほとんどない*11．想像するに，その理由は『順正理論』の記述がいずれの解釈も排除しないからであろう．つまり，衆賢が三世実有説中で「有」という語を用いるとき，その意味が上の両者どちらの意味であるかはかならずしも明確ではない．加えてその中には，いずれの解釈についても明確な根拠となる記述を見出すことができるのである．

このように衆賢が存在の定義について二通りの理解をしていたことの意味を考察することが，本章が問題とする衆賢説における認識と存在の関係を明らかにすることに繋がることは言うまでもない．結論を先取りすれば，存在の定義に関する二通りの理解は，彼の議論の前提となった存在を認識する過程を反映したものである，と筆者は考えている．しかしここでは結論を急ぐことなく，これら二通りの理解を明示する記述を『順正理論』三世実有説中から取り出し，その前後の文脈とともに吟味したい．論述の都合上，まず第二解釈を支持すると考えられる，存在の定義が示される前後の文脈を，次に第一解釈を支持すると考えられる，無所縁心論争に対する衆賢の反論部分を検討する．これらの考察を通じ，両者の議論における衆賢の関心の相違を明確にする．その後，両議論にいう「存在するもの」を〈覚知〉の生起との先後関係から整理し，両者を一連の認識過程として会通しうる可能性を示す．

### 1.2.3 存在の定義の文脈

まず『順正理論』「弁随眠品」における，衆賢の存在の定義が論じられる部分の文脈を整理する．三世実有説関係の議論を開始するにあたって衆賢は，【1】過去未来の存在に関する論争を紹介した後，【2】過去未来が存在すると立論する（『順正理論』T 29, 621c)．この立論部分で存在の定義は言及される．その後【3】存在するもの（「有」）の分類（同 621c–622a）と，【4】非存在を認識対象とする心（無所縁心）を認める譬喩者および世親への批判（同 622a–624c）が続く．そして譬喩者たちへ批判を終えた後，衆賢は【5】過去未来の存在性についての議論に結論を与え（同 624c)，その後には【6】過去未来の存在のあり方についての詳説（同 624c–625b）へと議論をつなげている．以下では衆賢が過

*11 ただし宮下[1994]のみは，二解釈の差違に言及している．氏は衆賢の存在の定義を，法が自己同一性（自性）を保って認知される限りで存在すること，と理解する．つまり認識のあり方によって「存在する」という語の意味が規定されていると考える点で，本文に述べた第二解釈に近い立場を取る．一方，梶山[1983]のとる第一解釈に対しては，有部の問題関心はそれとは異なっていたと評するものの，三世実有説と無形象知識論が矛盾するものではないとして，梶山説を留保している（同論文 110)．

なお青原[1986b: 77–78]も，存在の定義の解釈問題に言及しないものの，衆賢の「有」に二義があることを指摘している．氏のいう二義は第一解釈，第二解釈においていう「有」と内容上合致する．

去未来の存在について自説を述べる部分である【2】【5】に絞って引用し，検討を加える．段落番号は引用者が挿入した．

【2】故我今者發大正勤，如理思惟立：「去來世異於現在，非畢竟無.」謂，立：「去來非如現有，亦非如彼馬角等無」，而立：「去來體具是有.」唯此符會對法正宗．於此先應辯諸有相．以此有相蘊在心中方可了知：「去來定有」，由所辯相顯了易知，令固執者亦能契實．此中一類作如是言：「已生未滅是爲有相.」彼説不然．已生未滅即是現在差別名故．若説：「現世爲有相」者，義准已説：「去來是無」理．於此中復應徴責：「何縁有相唯現，非餘？」故彼所辯非真有相．我於此中作如是説：「爲境生覺是真有相.」
【3, 4 省略】
【5】若有諸師以此有相標於心首，應固立宗：「過去未來決定是有，以能爲境生諸覺故.」(『順正理論』T 29, 621c10–624c6)

【訳】【2】〔過去未来非存在論者は過失に陥っている.〕したがって私は今，大正勤を起こし，ありのままに思惟することによって「過去世未来世は現在と異なるものの，畢竟無ではない」と立論する．つまり，「過去未来は現在のように存在するものではないものの，またかの馬の角などのような無でもない」と立論して，「過去未来の本体は共に[*12]存在するものである」と立論するのである．ただこ〔の立論〕のみがアビダルマの正しい主張に適合している．ここでまず，諸存在の定義を説明しなければならない．次の存在の定義を念頭に置くと[*13]「過去未来は必ず存在するものである」と知ることができ，説明内容の特徴が明確に理解しやすくなることによって，〔過去未来が存在しないと〕固執する者も真実に適うようにさせる．ここであるたぐいの者は，次のように言う，「すでに生じ，いまだ滅していないもの〔というの〕が，存在の定義である.」彼の説は正しくない．すでに生じ，いまだ滅していないもの〔というの〕は，現在の別名であるからである．もし「現在世（現に

[*12] 大正蔵註記によると，大正蔵の「具」は，宋，元，明，宮内庁本で「倶」であるという．ここでは，文脈から「倶」と読んだ．

[*13] 「蘊在心」あるいは「蘊在心中」の用例は衆賢論書に散見されるものの，その意味は明確でない．また他の玄奘訳文献には用例がみられず，原語を想定できない．ただし次の用例によれば，「蘊」は skandha の訳語ではなく本来の字義である「蓄積」を意味し，「蘊在心中」とは「集まって心の中にある」，つまり「念頭に置く」という程度の意味だと解釈できよう．「彼豈不名心蘊餘事，口説餘事.」(『順正理論』T 29, 408a29)（【訳】彼はどうして心にあることを溜めこみながら，口では別のことを説いている〔人〕と呼ばれないことがあろうか.）

なお，この「蘊在心中」の読みについては，藤本庸裕氏，蓑輪顕量氏からご教示を賜った．

存在している段階のもの）〔というの〕が，存在の定義である」と言うならば，〔その言明の〕意味上「過去と未来は無である」という道理を説いたことになる．この〔主張〕に対しては，「何ゆえに存在の定義は現在に関してのみであり，他についてではないのか」と詰問すべきである．したがって，彼の説明内容は真正な存在の定義ではない．私はここで以下のように説く．対象となって〈覚知〉を生じるものが真正な存在の定義である．

【3, 4 省略】

【5】もしある諸論師がこの存在の定義をもって念頭にかかげるならば，「過去未来はたしかに存在するものである，〔過去未来は〕対象となって諸々の〈覚知〉を生じるのであるから」という主張を確立するはずである．

以上の引用の中，まず【2】によると，ある者たちが過去未来が非存在であると誤解してしまった根源は，彼らが誤った存在の定義を採用してしまったことにある．彼らは存在するものを「すでに生じ，いまだ滅していないもの」と定義してしまったがために，その定義に適う現在の諸法のみが存在すると考え，いまだ生じていない未来と，すでに滅した過去との諸法を非存在としてしまった．しかし存在するものを現在に限定する理由を彼らは何も示しておらず，その点が批判されねばならない．そして，衆賢の「真正な存在の定義」を念頭に置くならば，その定義を根拠として過去未来が存在することを理解できるという．

さらに【5】を参照すると，過去未来が存在するものと知る思考過程は演繹的推論であることが分かる．引用文によれば真正な存在の定義を念頭に置いた者は，「過去未来はたしかに存在するものである，〔過去未来は〕認識対象となって諸々の〈覚知〉を生じるのであるから」と考えるという．つまり存在の定義である「認識対象となって諸々の〈覚知〉を生じるものは，存在するものである」ことを前提とするとき，「過去未来は，認識対象となって諸々の〈覚知〉を生じる」ことによって，「過去未来は，存在するものである」という結論が導出されるのである．

以上の文脈によれば，ここにあらわれた存在の定義は，第二の解釈のように，つまり存在するものを認識されるものとして定義するように，用いられている．上の論証では，過去未来が存在することの論証にとって，存在の定義と並んでもう一つの前提となる，過去未来が対象となって諸々の〈覚知〉を生じることについて，衆賢はいかなる解説をも附すことなく使用している．論証の前提は，衆賢自身のみならず過去未来を非存在とする反論者にも認められていなければ意味がない．したがって過去未来が〈覚知〉を生じる認識対象であることを，過去未来非存在論者も了解する事実と，衆賢はみなしていたことになる．であるならば，衆賢がここで行う推論は，「過去未来も〈覚知〉を生じる認識対象である」というすでに知られた事実に存在の定義を加えることによって，過去未来が存在することを読者に知らしめるものだと解釈できる．つまり上記の議論では読者に対し，すでに認識したことのある過去未来について，存在の定義を用いることによってそれを「存在する」と判断すること，あるいは「存在する」と表現することを，衆賢は求めているのである．先に引用した櫻部[1952: 47]の表現に沿うならば，衆賢は「存在」という語に「〈覚知〉を生じる認識対象」という内容を意味させることで，その語の用法を変え過去未来に対しても適用可能にしている．したがってこの文脈において過去未来が「存在する」ということは，〈覚知〉を生じたことをもとに推論を行った者によって「存在する」と判断されたということを意味していることになる．

この文脈で語られる「存在」が判断あるいは表現としてのものであることは，上の引用文で省略した「【3】存在するものの分類」の中の，実有仮有という場合の「有」の意味についても同様と考えられる．該当箇所を引用し，検討を加える．

> 【3】此總有二．一者實有，二者假有．以依世俗及勝義諦而安立故．若無所待於中生覺，是實有相．如色・受等．若有所待於中生覺，是假有相．如瓶・軍等．【後略】(『順正理論』T 29, 621c21–25)
>
> 【訳】これ（存在するもの）には全体として二種ある．第一は実有，第二は仮有である．世俗諦と勝義諦に依拠して設定するからである．もし〔他のものに〕依存せず〔あるものに〕ついて〈覚知〉を生じるならば，これは実有の特徴である．色，受などのように．もし〔他のものに〕依存して〔あるものに〕ついて〈覚知〉を生じるならば，これは仮有の特徴である．瓶，軍隊などのように．【後略】

衆賢によれば，存在するものには実有（dravyasat）と仮有（prajñaptisat）の二種がある．そして実有であるならば，それを認識内容とする〈覚知〉がその内容とは別の依存対象（「所待」）なくして，つまり実有それ自体から生じる．他方，仮有であるならば，それを認識内容とする〈覚知〉が認識内容とは別のものに依存して生じるという．つまり，実有の例とされる色（rūpa）・受（vedanā）などは，有部論書一般の通念において法として個別に存在するものと考えられる．これら色や受を内容とする〈覚知〉は，個別に存在する色や受のみから生じ，他に依存しない．これに対し仮有とされる瓶や軍隊は，それぞれがそれを構成する極微（paramāṇu）という実体（dravya）や人という仮称（prajñapti）

に依存して*14存在する．したがって瓶や軍隊を内容とする〈覚知〉は，〈覚知〉に現れている姿（瓶，軍隊）そのものではない，その姿の基底にある他のもの（極微，人）に依存してはじめて生じるのである*15．

この二種の「有」の中でも，特に仮有について，それが判断あるいは表現としての存在であることが顕著である．

まず仮有とされる瓶などは，その仮有が依存している極微と別に，認識の外界において存在する，と考えられない．たとえば衆賢は『順正理論』「弁賢聖品」（T 29, 666b27–c8）において，仮有とほぼ同義と考えられる世俗有（saṃvṛtisat，第 1.3 節参照）とその依存対象たる構成要素との関係に言及している*16．それによると如来（tathāgata），命者

---

*14 上記の引用に続く文（『順正理論』T 29, 622a1–2）では，仮有が分類される．それによると瓶は実体に依存するもの（「依實」），軍は仮称に依存するもの（依假）にあたると言われる．なお『倶舎論』ヤショーミトラ註釈（W 524, 12–13）にも，近似する分類が見られるが，それによると世俗（saṃvṛti）には，別の世俗に依存するもの（saṃvṛtyaṃtaravyapāśrayā）と別の実体に依存するもの（dravyāṃtaravyapāśrayā）とがあるという．

ただし Cox [1988: 48]，Cox [2004: 576]が論じるように，衆賢などの毘婆沙師は，「瓶」などの仮有をとらえる認識であっても究極的にはすべて実体から生じていると考えていたようである．であるならば，ここでいう軍隊という仮称に依存する仮有も，究極的には諸人の構成要素たる五蘊に依拠し，その〈覚知〉を発していることになるだろう．

*15 本文中では仮有が〈覚知〉を生じる際に依存する「他のもの」を，極微や人という仮有の依り所として解釈した．しかしながらもう一つの選択肢として「他のもの」を，仮有の〈覚知〉に先行して生じた感官知だと解釈できるかもしれない．この解釈の場合，まず実有である色や受についての認識が一次的に生じ，それに依拠して仮有についての〈覚知〉が二次的に生じることになる．

この解釈と本文中に示した解釈のいずれが妥当か決定する根拠を目下見出していない．しかしながら「他のもの」を先行する認識と解釈した場合でも，「瓶や軍隊が仮有である」というのは，それらに相当する認識対象が外界に存在していることを意味せず，〈覚知〉にもとづいてそれらが「存在している」と判断したことを意味することは変わりないだろう．なぜならばこの解釈の場合，認識あるいは〈覚知〉の外部に存在するものは考えられていないからである．

*16 『順正理論』「弁賢聖品」の当該箇所は，経量部の「上座」への反論の一部にあたる．それによると，如来（tathāgata）・命者（jīva）・有情（sattva）などの世俗有は，その基体となった五蘊と同一とも別異とも言えない，という．つまり人を表す「如来」などは五蘊に依存して設定されたものであり，五蘊を離れるものではないが，能力・姿などの点で単に五蘊というだけでは表しきれないあり方をしていると，衆賢は考えていた．世俗有と仮有は内容上同じと考えられるので，仮有も同様にその基体の実有のみに還元されない存在のあり方をしていると衆賢は理解していたと考えられる．「弁賢聖品」の該当箇所は以下のとおり．なおこの箇所をあつかった研究には，Buescher [2005: 65]がある．

「又彼所説：「唯滅諦體不可説故，同諸無記，不可説有」，理亦不然．既爾，應成世俗有故．謂佛所説：「如來死後爲有，爲無？命者與身爲一，異？」等諸無記事，一切皆是世俗有攝．以如來等與色等法非即非離，是世俗有．滅諦既同，彼應世俗有攝．謂如瓶等與色等物非即非離是世俗有．又説：「依蘊施設有情.」許諸有情世俗有故，知如來等世俗有攝．滅諦亦應然．同不可記故．然不可謂：「涅槃俗有」．非俗有理如前已説．是故不可定説：「涅槃同無記事，體非實有」，定應許是勝義諦攝.」（『順正理論』T 29, 666b27–c8）

（【訳】さらに彼（上座）が〔先に〕述べた（同 666a2–3）「〔四諦の中で〕ただ滅諦のみは実体を説明することができないので，もろもろの無記（avyākṛta）と同様に不可説な存在である」ということも，道理により正しくない．もしそうであるならば，〔滅諦が〕世俗有であることになるからである．つまり，仏

(jīva)，瓶といった世俗有は，それを構成する色などと同一とは言えないものの，それらを離れた別異なものでない，という．つまり瓶などはその依存対象たる構成要素と性質が完全に一致しないとしても，その依存対象とは別に，認識対象たる瓶などが存在するわけではない，と衆賢は考えていた．

そして仮有が依存対象と別に，外界において存在すると認められない以上，衆賢が提示した仮有の定義も，仮有が認識の外界における存在を意味するものと解釈しえない．仮有とは「〔他のものに〕依存して〔あるものに〕ついて〈覚知〉を生じる」ものと定義されていた．この定義に存在するもの一般の定義を適用するならば，他のものに依存して〈覚知〉を生じるとき〈覚知〉を生じた対象が仮有である，ということになるだろう．しかしながら，仮有はその依存対象である実体（dravya）を離れて外界に存在するものではない以上，極微などの依存対象が外界に独立して存在し，それによって瓶という仮有の〈覚知〉を生じていることになる．したがって瓶が仮有であるとは，瓶についての〈覚知〉が生じたことによって，その〈覚知〉の依存対象である極微などに対し，「瓶という存在するものだ」という判断あるいは表現がなされた，という意味で解釈されねばならない．

また衆賢が，仮有は外界に独立して存在する，と考えていたと解釈することは，思想史に鑑みても適切でない．譬喩者が無所縁心を肯定する論点の一つには，認識対象がそのまま外界に存在する場合，仏教では実在性を否定され仮有の一種とされる我（ātman）が外界に存在することになる，というものがある（後述）．衆賢の三世実有説はこの批判に対しても反論するものである以上，衆賢の言う仮有が認識の外界における存在を意味すると考えることは困難である．

そしてここでいう実有も，外界における対象としての存在を指すのではなく，外界の対象が認識されたことにもとづいて下された，「存在している」という判断であると理解されるべきである．たしかに，「〔他のものに〕依存せず〔あるものに〕ついて〈覚知〉を生じる」ものが実有であると言明されるとき，存在するという判断を語っているのか，認識対象が外界に存在していることを述べているのかは明確でない．というのも色という法が

---

が述べた「如来は死後存在するか存在しないか，命者は身体と同一か別異か」などの諸々の無記の事柄は，すべて皆世俗有に包摂される．如来などは，色などの法と同一でもなく別異でもないので，世俗有である．滅諦も〔それら無記の事柄と〕同様であるからには，それ（滅諦）も世俗有に包摂されるはずである．つまり，たとえば瓶などは色などの物と同一でも別異でもなく，世俗有であるように．さらにまた，〔仏は〕「蘊に依拠して有情を設定する」と説く．諸々の有情は世俗有であるから，如来なども世俗有に包摂されるとわかる．滅諦も同様であるはずである．同様に記別できないのだから．しかしながら，「涅槃は世俗有である」と言うことはできない．世俗有でない道理は先述のとおりである（『順正理論』（T 29, 433b–c）．また拙論（一色［2009: 51］）参照）．これゆえに，「涅槃は無記の事柄と同様に実体が実有でない」と決して述べてはならず，これは勝義諦に包摂されると認めなければならない．）

存在すると判断されるとき，その認識対象である色法そのものと認識にもとづいて存在すると判断されたものとは同一となり，区別しがたいからである．しかし上の文脈では実有も仮有と並列して論じられていることに鑑みれば，この箇所でいう実有とは仮有と同様のもの，つまり認識にとって外界にある対象ではなく，認識において判断された限りでの「存在するもの」だと解釈されるべきである．

以上の考察を総合すれば，衆賢は存在の定義を，一般に〈覚知〉によって存在を判断することを可能にするものとして用いていたことになる．存在の定義そのものが用いられる全体の文脈は，過去未来について，それらの〈覚知〉が生じていることによってそれらが「存在する」ことを判断するという，はなはだ特殊な存在認識を問題とするものであった．しかしそれに関連して論じられる実有仮有の定義も，〈覚知〉を生じた認識対象に対し実有あるいは仮有として「存在する」と判断しうることを述べている．したがってこれらの議論において存在の定義は，〈覚知〉が生起することをもって，その認識対象に対して一般的に「存在する」と判断可能であるということを意味していたと言えよう．

### 1.2.4 無所縁心論争

無所縁心論争では，対象の存在が疑われるいくつかの認識が争点となった．坂本[1981: 135–153]と，その研究を発展させたCox [1988]は，これらの問題的な認識について毘婆沙師と経量部（譬喩者）との説を対比することで，個々の論点の背景にある両者の認識論の特徴を論じた．Cox氏のまとめによると，無所縁心論争の論点は，(1) 知覚の錯乱と誤認，(2) 瞑想の対象，(3) 夢の中のイメージ，(4) 影像，こだま，幻影，魔法によるまぼろし，(5) 否定，および実在しない対象に対する言語表現，(6) 過去・未来法の認識という六点であるという（Cox [1988: 49]）．

先に解説した三世実有説冒頭部分の文脈の中「【4】非存在を認識対象とする心（無所縁心）を認める譬喩者および世親への批判（同 622a–624c）」において，衆賢は譬喩者と世親とに対し想定問答を行う．『順正理論』（T 29, 622a16–27）が列挙する譬喩者の主張の論点*17は，Cox [1988]らがまとめた6つの論点におおむね含まれていると言ってよい．

衆賢がこの箇所で無所縁心論争に言及する理由は，彼の存在の定義とそれにもとづく過去未来の論証とに対し，無所縁心があることが反証となりうるからだと考えてよいだろう．では無所縁心は，なぜ存在の定義と過去未来の存在論証との反例になるのだろう

*17 具体的には，(1) 旋火輪や我のような非有，(2) 勝解作意，(3) 幻網経，(4) 非存在の認識を示唆する経典，(5) 夢・眼病・乱視，(6) 無についての認識，(7) 音声の非存在の認識．LaVallééPoussin [1936–1937: 30–31]，那須円照[2017: 36–37]参照．

か．先に紹介したCox氏による分類では（1）知覚の錯乱と誤認にふくめられ，衆賢も譬喩者の反論の中で第一に言及する，旋火輪（*alātacakra）を例に考えてみたい．旋火輪とは，松明を振り回した時に輪のようにつながって見える火のことを言う．衆賢も譬喩者も旋火輪が認識にあらわれることを認めている．また旋火輪に対し「存在する」あるいは「存在しない」と判断する可能性があることも両者は否定しないだろう．しかし旋火輪は認識対象として外界には存在していないため，その輪が認識においては存在しているように見えても「旋火輪が存在する」と判断することは正しくないことになる．つまり旋火輪とは，何らかの認識に依拠して存在を判断するとき，その判断が正しくない場合の例である．『順正理論』該当箇所で問題となっている過去未来について言えば，〈覚知〉が生じることを根拠に過去未来について「存在する」と判断する場合，過去未来の〈覚知〉が無に対して生じていれば，それらに対する「存在する」という判断は正しくないものとなるだろう．つまり当該箇所の文脈で無所縁心が問題となるのは，過去未来について「存在する」という判断が下せないからではなく，その判断が外界の対象と照合するとき正しいものとならない可能性を示すからである．

したがって『順正理論』における無所縁心論争とは，過去未来についての「存在する」という判断が認識の外界に根拠を持つか否かの論争であると言ってよい．そのためこの論争では，衆賢が〈覚知〉を生じた認識対象に「存在するもの」という語を適用しうるかどうかという語の用法上の問題を論じたとしても，それは無意味である．むしろ存在論的関心のもと，すべての〈覚知〉には認識対象が存在することを示さなければならないことになる．

事実，衆賢は無所縁心批判において認識対象たりうるものは存在するもののみであることを論じている．衆賢は譬喩者に対する反論を開始する箇所において，完全な非存在が〈覚知〉を生じる可能性を否定し，存在するものこそが認識対象たりうるという．該当箇所を引用する[*18]．

> 然譬喩者先作是言：「有非有皆能爲境生覺」者，此不應理．覺對所覺，要有所覺覺方成故．謂，能得境方立覺名．所得若無，誰之能得．又能了境是識自性．所識若無，識何所了．故彼所許無所縁識應不名識，無所了故．夫言：「非有」謂體都無．無必越於自相共相．何名所覺或所識耶．若謂：「即無是所覺・識」，不爾．覺・識必有境

*18 Dhammajoti [2007b: 72–73]は当該引用文に言及し，英訳している．氏は，下記引用文を衆賢の認識論的存在論の現れと理解し，本文にいう第二解釈を適用して解釈を行っている．しかし本文中にすでに述べたように，この文脈で認識されたものに「存在する」という判断が可能であることを主張しても，譬喩論者たちへの反論にはならないだろう．

故．謂，諸所有心心所法唯以自相共相爲境，非都無法爲境而生．辯涅槃中已略顯示．」（『順正理論』T 29, 622b18–27）

【訳】しかしながら譬喩者が先に「存在するものと存在しないものはすべて対象となって〈覚知〉を生じうる」と述べたことは，道理にかなわない．〈覚知〉は〈覚知〉の対象に対するものであり，〈覚知〉の対象が存在してはじめて〈覚知〉が成立するからである．つまり，対象を獲得してはじめて〈覚知〉という名称を設定する．獲得対象がもしなければ，何が獲得しようか〔，何ものも無を獲得しない〕．さらにまた，対象を識別することが識（*vijñāna）の固有の本質である．識の対象がもし存在しなければ，識にとって何が識別対象であろうか〔，識別対象が存在しないことになる〕．したがって彼が認めるところの，所縁（認識対象）が存在しない識は識と名づけるべきでない．識別対象が存在しないからである．そもそも「非存在」という語は，本体が完全に無であることを意味する．無は自相共相を必然的に逸脱している．どうして〔無が〕〈覚知〉の対象あるいは識（*vijñāna）の対象と名づけられようか．もし，「そのまま無が〈覚知〉と識の対象である」と言うならば，そうではない．〈覚知〉と識にはかならず対象があるからである．つまり，すべての心心所法はただ自相共相のみを対象とし，完全な無である法を対象として生じない．〔自相共相を持たない無が認識対象とならないことは〕涅槃について論じる箇所で，すでに大略を示した．

衆賢によれば，〈覚知〉あるいは識は認識対象を捉えることで成立するものであり，認識対象が存在しないということはありえない．さらに無は認識対象たりえない．なぜならば〈覚知〉や識などの精神的な諸法（「心心所法」）は自相（色法にある「色であること」などの個別性質）と共相（有為法にある「苦」「集」などの共通性質）[*19]を認識対象とするので，それらを欠く完全な非存在は認識対象となりうる性質を欠いているからである．

引用文中にいう「涅槃について論じる箇所」とは，『順正理論』「弁差別品」（T 29, 431b–433b）を指すと考えられる．当該箇所において衆賢は涅槃が実有であるという立場をとり，涅槃を非存在と考える世親に対し[*20]批判を加える．衆賢の論点は多岐に渡る

---

[*19] Cox［2004: 574–576］，野武他［1996］などが指摘するように，有部論書における自相共相という語は，後代の仏教論理学におけるそれらのように必ずしも画然と分かたれておらず，その内容を明確に示すことは難しい．ただし『順正理論』（T 29, 675b）の，四念住の文脈における自相共相に関する記述を参照すれば，自相はあるカテゴリーにある法を他から区別するような固有の性質，共相はあるものとその他のものとの共通性質であり，典型的には「苦」「集」などを指す，というほどの理解をすることは可能だろう．この理解にもとづき，ここでは自相共相を説明した．

[*20] 『倶舎論』（Pr 92–94）において，世親は涅槃の実体性を認めず，想定反論者に対し，涅槃を無一般

が[*21]，無が認識対象となるか否かを論じる次の部分が，特に無所縁心論争と関係が深い．該当箇所を以下に引用する．なお，各文章の話者を【 】に附記した．

> 【反論者】豈不非有即爲此相.
> 【衆賢】若爾，色・聲非有相何別，而言：「色等非有各異」耶？如色與聲雖同是有，而有種種相狀差別．非有不然，無異體故．（『順正理論』T 29, 431c10–16）

> 【反論者】存在しないことがこの（非存在の）特徴ではないのか．
> 【衆賢】もしそうならば，色と声の非存在の特徴は何が違い，「色などの非存在はそれぞれ別である」と言うのか．たとえば色と声とは同じく存在するものであっても，様々な相状の差異がある．しかし非存在はそのようではない，異なった本体が存在しないからである．

衆賢によれば，非存在は完全な無である以上，それにいかなる性質があるとも考えることはできず，したがって色の非存在と声の非存在を区別することもできないという．つまり，完全な非存在には自相共相という特徴はありえない．

これらの議論から導かれるのは，自相共相を欠く完全な非存在は〈覚知〉の認識対象になりえない，という衆賢の理解である．そしてそれは，〈覚知〉の認識対象は自相共相を持つ存在するものである，ということに等しい．したがって上に引用した議論の後で衆賢は，無所縁心の諸事例に実は認識対象があることを論じているものの[*22]，実質的な反論はここまでで完了していると言ってよいだろう．そしてこの結論で論じられた内容は，自相共相を持つことができる存在するもののみが認識対象になるという，認識対象の存在のあり方についての議論であった．ゆえに彼の無所縁心批判は，認識対象が認識とは別に存在することを論じるものであるといってよい．つまりこの文脈は，存在するものこそが〈覚知〉を生じる認識対象たりうることを衆賢の存在の定義が意味する事例とみなしうる．

---

(abhāvamātra) と解釈しても教理上問題ないことを論じている．この世親の涅槃観については，第 2.2.2 節で詳説する．

*21 DHAMMAJOTI [2002]および拙論（一色 [2009: 48–51]）に詳しい．その他の関連する研究については，拙論の参考文献表を参照．

*22 詳細は Cox [1988]参照．なお，衆賢を含め毘婆沙師は，ある認識対象に対し，それとは異なった内容を持つ認識が生じることを認めていたことが知られている．この毘婆沙師の認識論の特徴を Cox 氏は次のように言い表している．「所縁は，別に認識されたまさにそのとおりの在り方で実在していなければならないわけではない．したがって，認識の内容（the content of cognition）と所縁それ自体の性質（the character of the object-field in itself）とは，必ずしも等価ではない．」（同論文 61，福田 [1996: 120] による和訳を引用，ただし原語の挿入は引用者による）

### 1.2.5　存在の定義の背景

「対象となって〈覚知〉を生じるもの」が存在するものである，という衆賢の存在の定義の意味は，先行研究によって二通りに解釈された．第一は，存在するもののみが〈覚知〉を生じる認識対象たりうることを意味する，という解釈であった．この解釈は，『順正理論』の無所縁心論争に見える，存在するもののみが自相共相を持ち〈覚知〉の対象となる，という議論に裏づけられる．第二は，〈覚知〉を生じた認識対象を「存在する」と判断することを意味する，と解釈するものであった．この解釈は，衆賢が存在の定義を前提として過去未来が存在するものであることを論証する議論，および実有仮有の定義によって裏づけられる．

この二つの解釈はそこに込められた衆賢の関心がまったく異なるものではあるが，それぞれ裏づけを持つ以上，どちらか一方が排斥されるべきものではないだろう．しかし衆賢がいう「存在するもの（有）」を，常にこの両解釈が示唆する意味での「存在するもの」だと読み込むことも，衆賢の存在論の理解を困難にする．特に仮有の存在のあり方を理解しえなくなることは，先に述べたとおりである．したがって衆賢の存在の定義に対する二解釈は，ともに『順正理論』に根拠を持ちながら，同時にその両者を『順正理論』全体へと適用することができない．

ここで〈覚知〉の生起と存在するものの先後関係に焦点を当ててこの二解釈をみると，それらが先後する異なった事態を表しており，両立しうることを看取しうる．第一解釈では，存在する認識対象から〈覚知〉が生じることが論じられていた．つまり，存在するものが〈覚知〉に先行する．第二解釈の場合，〈覚知〉が生じたことによってそれを生じた認識対象が「存在する」と判断されていた．この場合は，〈覚知〉が存在するものに先行する．この先後関係が時間的な生起の順序を意味するか，それとも同時的な依存関係を意味するかはひとまず置くとしても，〈覚知〉を挟んでそれより前に第一解釈の意味での存在するものがあり，それより後に第二解釈の意味での存在するものがあることは確かである．この関係は，次頁の図のようにまとめることができる．それぞれの根拠となる解釈の番号を○の中に記した．

この図表は，衆賢の存在の定義が持つ二つの意味を示すものではあるが，同時に衆賢が議論の前提としていた存在認識の過程を示唆してもいるだろう．つまりこの図表からは，存在する外界対象から〈覚知〉を生じ，〈覚知〉を生じたことで外界対象が存在することを判断するという一連の過程が，衆賢の念頭にあったことを予想できる．

とはいうものの，本節で参照した衆賢の三世実有説に依拠する限りでは，存在と〈覚知〉

①生起させる

→

存在する認識対象　　　　〈覚知〉

←

②「存在する」と判断

との間に二種類の関係があることを読み取りうるものの，それらが一連の過程であることを明示する記述を見出すことはできない．しかし，実有仮有の定義（第1.2.3節参照）の中でそれらの設定根拠として言及された二諦説の中に，ここで述べられた二つの事態を一連の過程として理解する手がかりが得られる．

## 1.3 〈覚知〉と存在判断

### 1.3.1 『順正理論』の二諦説の思想史的文脈

周知のように二諦説とは，勝義諦（paramārthasatya）と世俗諦（saṃvṛtisatya）という二種の真実を設定する思想であり，いわゆる北伝仏教で広く重視された概念である．有部アビダルマ論書について言えば，いわゆる六足発智と総称される諸論書においては見出されないものの，『婆須蜜論』（T 28, 735c）および婆沙論諸本*23においては二諦説が明確な形で論じられることが知られている*24．そして，婆沙論の影響を受けた『雑心論』（T 28, 958b），『倶舎論』（Pr 333, 21–334, 12），『順正理論』（T 29, 665c–668a），『顕宗論』（T 29, 914c–915a）といった諸論書でも二諦説は論じられた．

婆沙論諸本の中でも『新婆沙』を例にすると，その二諦説は多分に仏説の語義釈としての色彩が強いことが見て取れる．そこでは四諦を論じた後，「餘契經中」*25で説かれるという二諦とは何かが問われる（T 27, 399c–400a）．その後，二諦という仏説が真実（「實」，*satya）であるためには世俗諦における世俗性が勝義でなければならない，という議論を受け，同一の勝義に対して勝義諦世俗諦が設定可能である理由が論じられる．『新婆沙』はこれらの問題に対する諸説を記録するが，斎藤[2010: 347]の表現を借りれば，その説の多くは「世俗を言語表現，勝義（「最高の意味，対象」）をその言語表現が表明しようとす

*23 『鞞婆沙』（T 28, 472a–b），『旧婆沙』（T 28, 298b–c），『新婆沙』（T 27, 399c–400b）．

*24 佐藤[1932: 196–204]，西[1975: 377–382]参照．

*25 上野[2014: n.3]参照．同論文によれば，二諦を仏説とするのは，「現時点で確認しうる資料に依る限り，有部阿含に限定される」（126）という．また，『倶舎論』でも二諦が経典の説であるとされるが，その典拠については本庄[2014: 725. No. 6022]参照．

る―本来,「施設（＝言語表現）を絶した」―道理に相当するという」解釈であった．したがって『新婆沙』の二諦説は，仏説にあらわれた二諦という語を問題とし，二諦の区別を教説の言語表現とその意味との差異として理解する傾向があった，と言うことができる．

これに対し『雑心論』と『倶舍論』との二諦説では，対象を分析した際の名称あるいは認識（buddhi,「覺」）のあり方にもとづき二諦の区別が述べられる*26．特に『倶舍論』によると，瓶を破壊して陶片にする，水から色などの要素を思弁によって排除する，というように認識対象（瓶，水）を分析するとき，その認識対象についての認識が得られなくなるならば，それら（瓶，水）は世俗有（saṃvṛtisat）である．これに対し法としての色（rūpa）のように極微まで分解しても，あるいは他の諸法を除外してもその認識が残るならば，その色などは勝義有（paramārthasat）である．そして，それらに関してそれぞれ世俗諦と勝義諦が設定される，という．張[1995: 134]は，『倶舍論』の勝義諦の定義が「sat・buddhi・satya，即ち，存在・知覚の働き・真実という三者の関係があることにもとづいて」論述されており，「真実・諦（satya）が成立するときに，認識作用を見落とすことができない」と指摘している．張氏の指摘が言い表しているように，『倶舍論』の二諦説は認識対象に対する認識（buddhi）のあり方によって二諦を区別する点で，もっぱら教説と意味という側面から二諦を論じる『新婆沙』の所説と異なっている*27．

『順正理論』の二諦説は『倶舍論』を引き継ぎつつ『新婆沙』の理解を会通したものであることが，佐藤[1933: 151–154]によって指摘されている．事実そこには認識（〈覚知〉, *buddhi），認識対象（「勝義」），存在（「有」）といった先行文献に見られた諸要素が現れる．そしてそれら諸要素が，衆賢の詳細な論述によって一連の認識過程として緊密に体系化されていることを同論から読み取ることができる．そこで本節では，まず衆賢の二諦説を分析することで,〈覚知〉と存在の判断が一連の過程として説かれていることを確認する．そののち衆賢が〈覚知〉をもとに存在を判断しうると考えた理由を，三世実有説

*26 『雑心論』と『倶舍論』はともに，二諦の区別を対象の分析によって行う点で共通しているため，ここでは並列した．しかしながら，佐藤[1933: 146–151]がすでに指摘するように，『雑心論』と『倶舍論』との二諦説は多くの点で相似するものの，まったく同一の説と考えることはできない．この両論書の二諦説の関係については，『倶舍論』の二諦説の所属部派問題と関係して，近年議論がある（Frauwallner [1956: 119–122]，Katsura [1976]，張[1995]）．論争史については木村[2011a: 347–349; fns. 2–5]参照．

しかしながら，世親が『倶舍論』で二諦を論じるにあたり依用した文献がなんであれ，彼の二諦説を『順正理論』が批判せず註釈を施していることに変わりはない（本文で後述）．したがって本書の趣旨と関係しないため，『倶舍論』と『雑心論』との影響関係についてここで論じない．

*27 以上で引用したものの他に，『倶舍論』の二諦説に関して大山[1919]，高橋[1970]，李鍾徹[2000]，木村[2011b]，木村[2012]，チベット撰述『倶舍論』註釈書における二諦説に関して現銀谷[2002]，現銀谷[2014]，チベット文献に見られる有部の二諦説について解説する Buescher [2005: 55–83]，世親の二諦説に関して松田[1985]などの諸研究がある．

の文脈で語られる体相と性類の区別の議論をもとに考察する.

### 1.3.2 『順正理論』の二諦説の分析

衆賢は,『順正理論』「弁賢聖品」(T 29, 665c–668a) において四聖諦に続いて二諦説を論じる. 彼の二諦説が『倶舎論』の議論を継承していること (『順正理論』T 29, 666a) はすでに述べたが, そこには『倶舎論』と対応する議論の増補, 註釈にとどまらない内容が多く含まれる. 上野 [2014: 117–125] は『順正理論』の二諦説全体を概観し, 内容構成をまとめている. 氏によると衆賢の二諦説は, 二諦とそれ以外の諦説 (一諦, 三諦, 四諦) との整合性の説明に多くの紙幅を割き, その点で婆沙論諸本の二諦説と共通している, という (同論文 124–125). 加えて衆賢は, 経部の上座の二諦解釈に対しても徹底した批判を行っている (『順正理論』T 29, 666a–667a).

衆賢が示した二諦と諸諦との整合的理解あるいは上座説への反論は, 彼の二諦説の成り立ちを知る上でいずれも重要な資料ではあるものの, 本章が問題とする存在認識過程の解明に関し有益な知見をもたらさない. したがって議論を明確にするため,『順正理論』の二諦説中でも次の二箇所に絞って検討を加える. すなわち (A) 衆賢が婆沙論に由来する勝義世俗の同一性に立脚して二諦を設定する部分 (T 29, 667a) と, (B)『倶舎論』の二諦説を衆賢が註釈する部分 (同 666a) である. この二箇所は『順正理論』に記される順序が前後するものの, 第一の二諦の設定部分には衆賢の二諦理解が明確にあらわれているため先に検討し, そこで得られた知見をもとに第二の『倶舎論』註釈部分を解釈する.

なおこの両部分は,『倶舎論』および『倶舎論』安慧釈[*28]に多くの部分が対応しており, ほぼ全体についてサンスクリットあるいはチベット語の並行文が得られる. 本書はあくまでも『順正理論』の研究であるため, テクストには漢訳『順正理論』を使用したものの, 並行文が得られる該当箇所を引用文中に ( ) で記し, その並行文は『順正理論』各箇所の引用末尾に註記した. また訳文中に挿入した想定サンスクリット原語は,『倶舎論』あるいは『倶舎論』安慧釈 (松田 [2014b]) に裏づけがある場合はアステリスクを付していない.

---

[*28] 『倶舎論』「賢聖品」安慧釈の二諦説関連箇所サンスクリットテクストは, 松田和信氏の発表資料「スティラマティ疏から見た倶舎論の二諦説」(日本印度学仏教学会第 65 回学術大会, 2014/8/30, 於武蔵野大学) に全文が記載され, 公開された. しかしながら管見によれば, 当該テクストは論文としていまだ出版されておらず, 上述の発表を論文化した松田 [2014b] には部分的にサンスクリット語句を挿入した和訳が記載されているのみである. 筆者は本節を執筆するにあたり松田氏の発表資料に記載されたテクストを参照した. しかしそれが未出版であることに鑑み, 氏が上記論文中に挿入した語句以外, 本書中にテクストを引用していない. その代わり, あくまで参考として,『倶舎論』安慧釈チベット語訳北京版における『順正理論』並行文を脚註中に引用した.

(A)：勝義と諦

以下に該当箇所のテクストを引用し，和訳する．【 】は引用者が添えた段落番号である．

【A1】然我宗説四皆勝義，諸世俗諦依勝義理．(1 世俗自體，爲有爲無？若言：「是有」，諦應唯一．若言：「是無」，諦應無二．此應決定判言：「是有.」以彼尊者世友説言：「無倒顯義名是世俗諦．此名所顯義是勝義諦.」名是實物，如先已辯．豈不已言：「諦應唯一」？理實應爾．所以者何？非勝義空可名諦故．既爾，何故立二諦耶？即勝義中依少別理立爲世俗，非由體異．所以爾者，名是言依，隨世俗情流布性故．依如此義應作是言：「諸是世俗必是勝義．有是勝義而非世俗．謂，但除名餘實有義.」1)

【A2】(2 即依勝義是有義中，約少分理名世俗諦，約少別理名勝義諦．謂，無簡別總相所取，一合相理名世俗諦．若有簡別別相所取，或類・或物名勝義諦．如於一體有漏事中所取果義名爲苦諦，所取因義，名爲集諦．2) 或如一體心心所法有具六因及四縁性，然依此義名相應因，非即由斯名倶有等．由如是理於大仙尊所説諦中無有違害．(『順正理論』T 29, 667a8–26)[*29]

【訳】【A1】しかしながら私の立場では，四〔諦〕がすべて勝義であり，諸々の世俗諦は勝義に依存する（*paramārthavaśāt[*30]），と説く．世俗の本体は〔勝義とし

---

[*29] (1)：slob dpon 'dus bzang na re yang ci kun rdzob kyi bdag nyid kyi don dam pa kun rdzob tu yod dam med / gal te yod na bden pa gcig nyid du 'gyur ro // ci ste med na yang bden pa gcig nyid du 'gyur ro / yod pa zhes bya bar nye bar 'gro'o zhes zer ro // de skad smra ba la gnas brtan dbyig bshes na re / phyin ci ma log pa'i don rtogs par byed pa'i ming ni kun rdzob kyi nus pa'o // don dam pa'i bden pa zhes bya ba ni rab tu bsgrubs pa'i ming rdzas kyi sgro nas yod pa nyid do // bden pa gcig nyid du bshad pa ma yin rnam zhe na / de lta bu nyid do // don dam pa stong pa bden par 'gyur bar 'os pa ma yin no 'o na ci ltar bden pa nyid rnam par gzhag par 'gyur / don dam pa'i khyad bar gang yang rung ba kun rdzob nyid du nye bar bkod pa de'i las la sogs pa ngag gi dngos po'i tha snyad kyi bdag nyid la kun rdzob dang don dam pa yid kyi / dong dam pa kun rdzob ni ma yin no // min ma gtogs pa gal te rdzas gzhan kho na yin pa ... (TA P tho 347b6–348a2)
(2)：gang bshad pa'i don dam pa de nyid yod pa'i don te / bye brag kha cig kun rdzob kyi bden pa dang / kha cig ni don dam pa'i bden pa zhes bya'o // don bsdus te nges par ma bzung ba 'dzin pa ni kun rdzob kyi bden pa zhed bya zhing / don nges par bzung pa'i rnam pa'i sgo nas sam rdzas kyi sgo nas 'rdzin pa ni don dam pa'i bden pa zhes bya ste / dper na zag pa dang bcas pa'i dngos po'i 'bras bu'i sgo nas 'dzin pa ni sdug bsngal gyi bdan pa dang / rgyu'i sgo nas 'rdzin pa ni kun 'byung gi bden pa zhes bya ba lta bu'o // (TA P tho 348a5–8)

[*30] 原語想定の根拠は註*54，*56 参照．

て〕存在するものか，非存在か．もし「〔世俗の本体は勝義として〕存在するものである」と言うならば，〔世俗が勝義と同一になるので，〕諦は単一になってしまう．もし「〔世俗の本体は勝義として〕非存在である」と言うならば，〔世俗の本体が存在しないので〕諦に二がないはずである．これについて判断して，「存在するものである」と言うべきである．かの尊者世友が「倒錯なく対象を表示する名が世俗諦であり，この名によって表示される対象が勝義諦である」と説いているから．名が実体であること（rdzas kyi sgro nas yod pa nyid, dravyato 'stitva）は，先にすでに説明した（『順正理論』T 29, 411c–415c）．（しかし世友は世俗諦が名という実体であると言っても）「諦は単一である」と言っていないではないか．道理として実際はそのように〔諦は単一〕である．理由は何か．勝義を欠くもの（don dam pa stong pa, paramārthaśūnya）は諦と名づけることができないからである．そうであるからには，何故に二諦が設定されるのか．特殊な勝義の何らかのもの[*31]（don dam pa'i khyad bar gang yang, kaścit paramārthaviśeṣa）を世俗と設定するのであって，〔勝義と世俗が〕実体によって異なるのではない．したがってそのようであるのは，名が語の依り所（ngag gi dngos po, vāgvastu）であって言説活動を本質とする[*32]（tha snyad kyi bdag nyid, saṃvyavahārātmaka）からである．このような意味に依拠して，次のように言うべきである，「諸々の世俗であるものは必ず勝義でもある．勝義であるものには世俗でないものがある．つまり名を除いた他の実体（rdzas gzhan, anyadravya）である.」

【A2】その勝義として存在する対象[*33]（don dam pa de nyid yod pa'i don, paramārthasann arthaḥ）の中で一部分の〔ある〕道理に関して世俗諦と名づけられ，一部の別の道理に関して勝義諦と名づけられる．つまり，分析されることなく総体的な特徴が把捉されるならば，合体したありかたの道理によって世俗諦と名づける．もし分析して個別の特徴が把捉されるならば，あるいは種類（rnam pa, jāti）にもとづき[*34]，あるいは実体（rdzas, dravya）にもとづいて勝義諦と名

[*31] 安慧釈並行文にもとづく訳．玄奘訳文に従えば「勝義の中で部分的に区別する道理によって（即勝義中依少別理)」．

[*32] 安慧釈並行文を参考にした訳．玄奘訳文に即すと「世間の情勢にしたがい流布しているという性質のゆえに（隨世俗情流布性故).」

[*33] 安慧釈並行文に依拠する訳．玄奘訳文に即すと「勝義に依拠して存在する対象（依勝義是有義)」．

[*34] ここでいう「種類（jāti)」と先に述べられた「総体的な特徴」とは，一見するとその区別が明確でないように思われるかもしれない．しかし衆賢がこの段落 A2 で用いている喩例と本節で後に言及する段落 B1，2 とを参考にすれば，前者はその基体を分析した結果として了解される本性的な性質を指すのに対し，後者がその基体を分析することで了解されなくなるような，あくまで世間的な名称による特徴を意味すると解釈できよう．つまり，ここでいう「種類」とは，典型的には四聖諦の共相のような複数の法にま

づけられる．たとえば同一の本体である有漏の基体（dngos po）において，把捉されるものが結果の意味であるならば苦諦と名づけられ，把捉されるものが原因の意味であるならば，集諦と名づけられるように．あるいはたとえば同一の本体である心〔法〕あるいは心所法には六因および四縁の性質を備えるものがあるが，〔それが〕この（甲）意味に依拠して相応因と名づけられるならば，そのままこれ（甲）によって倶有〔因〕などと名づけられないようなものである．この道理により，大仙尊（＝仏世尊）が説いた諦において矛盾がない．

引用文冒頭と末尾によれば，ここで衆賢が問題とするのは，仏が説いた四諦，二諦などの所説の整合性であったと言ってよいだろう．この問題に対し彼は，四諦も二諦もすべてが勝義に関するものであり，そのように理解してこそ仏所説の「諦」を矛盾なく解釈できる，という．そして彼の主張の根拠となるのが，世俗と勝義の一体性（段落 A1）と二諦の設定（段落 A2）であった．

上の引用文からは，「諦」「勝義」「世俗」の意味と，「勝義諦」「世俗諦」の区別についての衆賢の理解を読み取ることができる．しかし衆賢の論述は，婆沙論諸本*35で論じられる二諦の同一性の議論を受けたものであるため，「諦」などの諸概念の解説としてみると論述の順序が錯綜している．そこで上の引用文によりつつも，諸概念について議論を整理したい．

まず段落 A2 をみると，衆賢のいう「諦」とは抽象的一般的に言われる「真理」などではなく，ある具体的な対象に適用される概念であったことが分かる．彼の喩例によれば，ある対象を「諦」と言い表すことは，有漏の基体を「苦」などと表現することと同様であるという．『倶舎論』（E 6, 17–7, 13），『順正理論』（T 29, 333a–b）などの有部論書によると，有漏（sāsrava）である諸法は，結果としての側面に注目する時「苦（duḥkha）」，原因としての側面に注目する時「集（samudaya）」と呼ばれる．そのためこの「苦」「集」などは有漏の「意味に従った別名（anvarthaparyāya, 随義別名），つまり有漏法に対して適用される名称あるいは概念であったことになる．これと同様に「勝義諦」「世俗諦」も，同じ対象に対し，その異なった側面に依拠して適用される概念であった．

そして「勝義諦」などの概念が適用される対象は，「勝義として存在する対象」であると言われる．勝義として存在するもの（paramārthasat，勝義有）とは，実体（dravya）

たがる共通性質であって，なおかつその個々の法に本性的に備わる性質を指し，いわゆる普遍に相当すると考えられる．これに対し総体的な特徴は，典型的には色の集合体における「瓶」などのような，共通性のないものに対し世間的な名称のみにもとづいて適用された特徴であり，その基体が物理的あるいは知的に分析されてしまえば，把捉されなくなるものである．

*35 『鞞婆沙』（T 28, 472a–b），『旧婆沙』（T 28, 298b–c），『新婆沙』（T 27, 400a–b）．

である法を有部論書一般の通念では意味する．斎藤[2010: 344–345]によれば，有部アビダルマにおける存在の構成要素たる諸法は「他の実体から区別され独立して存在する」という「実体」の概念にふさわしい特徴を持つものとし，『倶舎論』の二諦説にいう「勝義として存在するもの」とは実体としてある諸法である，という．斎藤氏が『倶舎論』から読み取ったのと同様に，衆賢も実体たる法を勝義として存在するものとしていたと考えられる．このことは，後に（B）『順正理論』の『倶舎論』註釈部分を検討する際に再度確認する．

段落 A1 冒頭によれば，「勝義諦」と「世俗諦」のみならず「四諦」もすべて勝義として存在する法に適用されると考えられていた．衆賢がこのように「諦」と呼ばれる概念の適用対象を勝義として存在するものに限定する理由は，段落 A1 にある「勝義を欠くものは諦と名づけることができない」という言明から推測することができるだろう．つまり，「諦（satya）」という語は辞書[*36]では「真実」「現実」などを意味し，「勝義（paramārtha）」は「究極的な対象」を意味する．この意味を勘案すれば，「勝義を欠くものは諦と名づけることができない」とは，「真実（satya）」は，それが対象のいかなる側面に関するものであるとしても，究極的対象を的確に言い表すものでなければならない，さらに言えば，事実無根なものは真実とはいえない，という趣旨を述べたものと解釈できる[*37]．

他方で，「世俗（saṃvṛti）」は名（nāman）という「特殊な勝義」を指す，と段落 A1 において説明される．有部毘婆沙師によれば[*38]，名は音声あるいは文字とは別に存在し，それらに込められた意味を指示する機能を持つ心不相応行（cittaviprayuktasaṃskāra）であり，実体（dravya）として存在する法とみなされていた．このことは，毘婆沙師たることを自認する衆賢[*39]にとっても，同様であった．『順正理論』（T 29, 413c–415c）においい

---

[*36] たとえば MONIER WILLIAMS [1899: 1135]は，“true, real, actual, genuine, sincere, honest, truthful, faithful, pure, virtuous, good. successful, effectual, valid” と解す．

[*37] DHAMMAJOTI [2009: 68]は，『順正理論』の上記箇所における勝義が “absolute/highest sense” あるいは “absolute/highest object” の両者を意味しているとし，「勝義空」を，諦が非存在ではなく固有の本質として存在するものであることを意味すると解釈した．

筆者は，氏の「勝義」の解釈を参考にしたものの，「諦」を述語的概念とみなしたため「勝義空」の解釈が異なる．ただし筆者の解釈は，『順正理論』においてある特定の対象が「諦」として名指される，という理解を否定するものではない．例えば我々の日常生活でも，「この四脚の物体は，机である」と知って，「四脚の物体」に「机」という概念を連結する場合，「机」という語でその指示対象である「四脚の物体」を名指すことができる．これと同様に，衆賢は本節本文中で述べたように「勝義諦」などをある具体的対象に対して適用される概念と考えたが，このことはある対象を「勝義諦」と名指しうる，ということを含意しているだろう．

[*38] 有部における心不相応行の名については，水田[1977]，横山[1978]，上杉[1979]，COX [1995: 159–171]，浪花[2008: 213–232]など参照．

[*39] 『順正理論』（T 29, 402a14–18; 495c21–22），『顕宗論』（T 29, 807b16–20）．

て名を仮有（prajñaptisat）とする世親を激しく批判し，それが実体であることを強調している[*40]．したがって「世俗」と呼ばれるものは名という法である以上，それは勝義の一種（「特殊な勝義」）であることになる．附言すれば，段落 A1 の最後で衆賢が行う「諸々の世俗であるものは必ず勝義でもある．勝義であるものには世俗でないものがある．つまり名を除いた他の実体である」という勝義世俗の外延についての総括も，「世俗」と呼ばれるものが，実は法の一種であるという前提のもとでのみ理解しうるだろう．

しかしながら名が勝義の一種でありながら「世俗（saṃvṛti）」と名指されうる理由，換言すれば名にあると考えられた世俗としての性質は，上に引用した議論からは明確でない．というのも段落 A1 の記述によれば，名は「言説活動を本質とする（saṃvyavahārātmaka）から」「世俗」と呼べる，と説明されるのみだからである．この一節から伺いうる衆賢の理解は，名は言語活動に関わるので「世俗」と呼べる，ということに過ぎない．

ただしここで玄奘訳に見られる解釈を参考にすれば，名とその表示対象の関係が慣習的であることを衆賢は名の世俗性と考えた，と言えるかもしれない．玄奘訳文を見ると，名が「世俗」と呼ばれる理由の該当箇所は，「隨世俗情流布性故」とより踏み込んだ解釈を込めて翻訳されている．つまり玄奘によれば，名には「世間の情勢にしたがって流布する」，すなわち言語的慣習という制約の中で通用するという性質がある[*41]．例えば，人がある四本足の動物を「犬」，あるいは「dog」，あるいは「ポチ」などと呼ぶ場合，それらの語（「犬」，「dog」，「ポチ」など）が有意味であるためには，語とその表示対象との関係が慣習的に広く認められていることが前提となる．仮に名が勝義の法として存在するとしても，玄奘が理解するように，それが意味を伝達する際には言語的慣習という制約と無関係ではいられないだろう．なお Cox [1995: 165–167] は，衆賢を含む有部毘婆沙師が語とその表示対象との関係が慣習的（conventional）であり，恣意的（arbitrary）であると考えていたことを指摘している[*42]．この Cox 氏の指摘を踏まえれば，玄奘が「言説活動を本質とする」という一句を「隨世俗情流布性」と解釈したことは，衆賢の言語観と合致していると言ってよいだろう．

衆賢の考えた名の世俗としての性質がいかなるものであれ，「勝義諦」「世俗諦」はすべて勝義たる対象に適用され，しかも世俗は勝義の一種である，と彼が理解していたことは疑いない．見方を変えれば，この理解は，すべての「諦」という概念が勝義に適用される

---

[*40] 『順正理論』（T 29, 413c–415c）には，Cox [1995: 377–408] による英訳がある．

[*41] この文章の解釈について，曽柔佳氏からご教示を賜った．

[*42] Cox 氏が挙げる典拠の中でも，特に『新婆沙』（T 27, 73a11–22; 73c15–26），『順正理論』（T 29, 413b17–22）参照．これらの部分では，語がその表示対象（「義」）そのものでないこと，語と表示対象の関係が劫初の人間によって設定されて以来慣習的に決定されていることが論じられる．

ことを意味する．では世俗諦が勝義諦と区別されて成立することはどのように説明されるのか．衆賢は段落 A2 において，認識者が対象を把捉する仕方の違いによって二諦が区別されると説明している．それによると，勝義として存在する諸法が個々に区別されることなく総体的な特徴において把捉され，総体として表現される場合，その集合した諸法は「世俗諦」と言われる．一方で諸法の個々の特徴が類的にあるいは個々の実体として把捉されるならば，その諸法は「勝義諦」と言われるという．衆賢の理解を色法の集合である瓶で例えるならば，色法の集合が総体的に「瓶」として把捉される場合，その対象には「世俗諦」という概念が適用される．これに対し個々の色法について自相に依拠して「色かたち（rūpa）」あるいは共相に依拠して「苦」などと把捉されるならば，その諸法には「勝義諦」という概念が適用されることになる．

勝義諦と世俗諦とが対象の把捉の仕方によって区別されるということは，二諦の設定は，対象を認識し，その後に認識者が対象に概念を適用するという過程を背景としてなされる，ということである．ここまでに行った分析をもとにすれば，二諦を設定する過程は次のように記述できる．つまり二諦の設定が行われる対象はすべて，勝義として存在する法であり，その中には世俗とも呼ばれる心不相応行法の名を含む．そしてその勝義を認識者が総体的に把捉する場合，対象に対して「世俗諦」という概念が適用される．これに対し類的あるいは個別的に把捉する場合は，「勝義諦」が適用されるのである．以上に記述した過程は，次のように図示されよう．

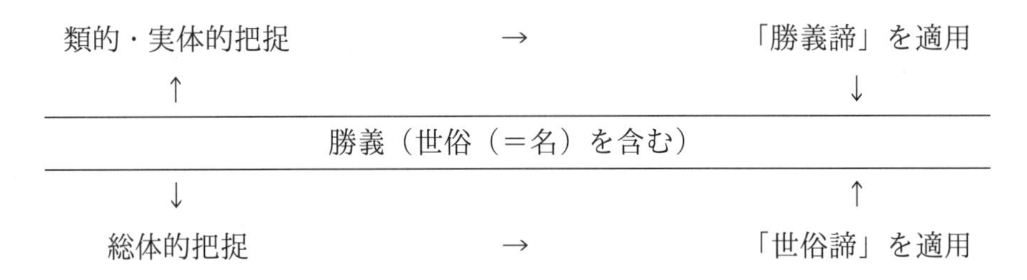


(B)：〈覚知〉と諦・有の設定

次に（B）『倶舎論』の二諦説に衆賢が註釈を行う部分を引用する．ここでは上に示した二諦を設定する過程の中に，三世実有説で見られた存在するもの（「有」）と〈覚知〉という概念が組み込まれていることを確認することができる．【　】は引用者が添えた段落番号である．

【B1】論曰：[(1] 諸和合物，隨其所應，總有二種性類差別：一可以物破爲細分，二可以慧析除餘法．謂，且於色諸和合聚 [(a] 破爲細分，彼覺便無，名世俗諦，猶如瓶等．

[1)] 非破瓶等爲瓦等時，復可於中生瓶等覺．[a)][(2] 有和合聚雖破爲多，彼覺非無，猶如水等．[(b] 若以勝慧析除餘法，彼覺方無，亦世俗諦．非水等被慧析除色等時，復可於中生水等覺故．

【B2】於彼 [b)] 物未破析時，[(c] 以世想名施設：「爲彼」．施設有故，名爲世俗．[2)] 依世俗理説：「有瓶」等是實，非虚．名世俗諦．[c)] 如世俗理説：「爲有」故．

【B3】[(d] 若物異此，名勝義諦．謂，彼物覺彼破不無，及慧析餘彼覺仍有，名勝義諦，猶如色等．如色等物碎爲細分，漸漸破析乃至極微，或以勝慧析除味等，彼色等覺如本恒存．受等亦然．[d)] 但非色法 [(3] 無細分故，不可碎彼，以爲細分乃至極微．然可以慧析至刹那，或可析除餘想等法，彼受等覺如本恒存．

【B4】[(e] 此真實有，故名勝義．[e)] 以一切時體恒有故．[3)] 依勝義理説：「有色」等，是實，非虚，名勝義諦．如勝義理説．「爲有」故．（『順正理論』T 29, 666a9–28）[*43]

この引用文は世俗諦を論じる段落 B1, 2 と勝義諦を論じる段落 B3, 4 に分けることができる．両者はさらに〈覚知〉の生起を述べる前半部分（B1, 3）と，諦と存在するものを設定する後半部分（B2, 4）からなる．ここでは論述の都合上，はじめに二諦の〈覚知〉の生起の部分（B1, 3）について，次に諦と存在するものの設定の部分（B2, 4）について訳

[*43] （1）: 'dir bcom pa ni ci rigs par rnam pa gnyis su dbye ste / cha shas dang rnam par dbye pa'o // blo chos gzhan bsal na / der gang la gzugs bcom pas cha shas bcom pa ste sngar gyi blo mi 'jug pa de ni kun rdzob du yod pa ste / dper na bum pa bzhin no //（TA P tho 347a6–7）
（2）: kha cig tu tshogs pa la tshogs pa las gzhan du bcom na snga ma'i blo nyid du 'jug pa ni dper na chu lta bu'o // de la blos chos gzhan dang mthun pa gzugs dang dri dang reg bya dag bsal te 'di chu'o snyam du chu'i blo mi 'jug pa de'i phyir rnam par ma bye ba na gyo mo'i gzugs la sogs pa rnams nyid la bum pa dang chu'i 'du shes su byed de / kun rdzob du yod pa de ni bum pa dang chu lta bu'o //（TA P tho 347a7–b1）
（3）: tshor ba la sogs pa la yang de bzhin du lta bar bya'o // cha shas med pa'i phyir de dag la cha shas tha dad pa med pa'o // blos skad cig mar phye ba na 'du shes la sogs pa'i chos gzhan bas la yang tshor ba la sogs pa'i rang bzhing gyi blo 'jug pas na / 'di don dam pa'i bden pa rtag pa ste / de rang bzhin gyis yod pa'i phyir ro //（TA P tho 347b3–5）
[a] : yasminn avayavaśo bhinne na tadbuddhir bhavati tat saṃvṛtisat / tadyathā ghaṭaḥ / tatra hi kapālaśo bhinne ghaṭabuddhir na bhavati /（AKBh Pr 334, 3–4）
[b] : yatra cānyān apohya dharmān buddhyā tadbuddhir na bhavati tac cāpi saṃvṛtisad veditavyam / tadyathāmbu / tatra hi buddhyā rūpādīn dharmān apohyāmbubuddhir na bhavati / teṣv eva tu（AKBh Pr 334, 4–6）
[c] : saṃvṛtisajñā(*sic.*) kṛteti saṃvṛtivaśāt ghaṭaś cāmbu cāstīti bruvantaḥ satyam evāhur na mṛṣety etat saṃvṛtisatyam /（AKBh Pr 334, 6–7）
[d] : ato 'nyathā paramārthasatyam / tatra(*sic.*) bhinne 'pi tadbuddhir bhavaty eva / anyadharmāpohe 'pi buddhyā tat paramārthasat / tadyathā rūpam / tatra hi paramāṇuśo bhinne vastuni rasārhān(*sic.*) api ca dharmān apohya buddhyā rūpasya svabhāvabuddhir bhavaty eva / evaṃ vedanādayo 'pi draṣṭavyāḥ / （AKBh Pr 334, 7–9）
[e] : etat paramārthena bhāvāt paramārthasatyam /（AKBh Pr 334, 9–10）

を提示し，検討を加える．

以下に段落 B1, 3 の和訳を提示する（テクストは上述）．

【B1】論にいう．諸々の集合体には，その対応するものに従って，全体として二種の性質の区別がある．第一には物体の破壊によって部分となりうるもの，第二は慧によって他の性質を析出することができるものである．つまり，まず色の諸集合体が破壊されることによって部分となるとき，その〈覚知〉がなくなるならば，世俗有*44と名づける．たとえば瓶などのように．瓶などを破壊して陶片とするとき，それについて瓶などという〈覚知〉を生じることはない．ある集合体は，破壊して多くの〔部分〕にしてもその〈覚知〉がなくならない，たとえば水などのように．もし勝慧によって他の法（要素）を析出してはじめてその〈覚知〉がなくなるならば，〔それ〕もまた世俗有*45と名づける．水などは慧によって色かたちなどを析出されるとき，それについて水などの〈覚知〉がふたたび生じえないからである．

【B3】もし〔ある〕物がこれと異なるならば，勝義諦と名づける．つまり，その物の〈覚知〉がそれの破壊によってなくならず，慧によって他〔の要素〕を析出してもその〈覚知〉が存在しているならば，勝義有*46である．色などのように．たとえば，色などの物は破砕して部分とし，徐々に極微に至るまで破壊しても，あるいは勝慧によって味などを析出されても，その色などの固有の本質についての〈覚知〉は存在するに違いない*47（svabhāvabuddhir bhavaty eva）．受なども同様である．ただし色でない法には〔空間的な〕部分がないので，それを破砕して極微までの部分にすることはできない．しかし慧によって刹那に至るまで〔時間的に〕析出しえても，あるいは他の想などの法を析出しえても，その受などの固有の本質についての〈覚知〉は存在するに違いない*48（svabhāvabuddhir bhavaty eva）．

*44　『順正理論』玄奘訳文によれば「世俗諦」．玄奘訳『倶舎論』にある並行文も「世俗諦」であるが，サンスクリットテクストでは “saṃvṛtisat”（＝世俗有）となっている．『倶舎論』安慧釈の並行文も “kun rdzob du yod pa”と世俗有を支持するので，ここでは「世俗有」と理解した．
なお玄奘訳『倶舎論』の二諦説において，サンスクリット本の paramārthasat, saṃvṛtisat の-sat が「有」と訳された例はなく，省略されるか，「諦」と訳されている．以下の部分でも『倶舎論』との対応から-sat が予想される箇所は「有」と訳した．

*45　玄奘訳文では「世俗諦」．註*44 参照．

*46　玄奘訳文では「勝義諦」．註*44 参照．

*47　『倶舎論』並行文にもとづく訳．玄奘訳文に従えば「その色などの〈覚知〉は本来のまま恒常的に存在している」．

*48　安慧釈並行文を参考にした訳．玄奘訳文に従えば「その受などの〈覚知〉は本来のまま恒常的に存在している」．註*47 参照．

衆賢によれば，〈覚知〉の対象は，それを破壊することでその対象の〈覚知〉が失われるもの，分析知をもってその要素を析出することでその対象の〈覚知〉が失われるもの，破壊あるいは要素を析出してもその対象の〈覚知〉が失われないもの，という三種に分類される．そして前二者の場合に〈覚知〉の対象は世俗有，第三の場合に勝義有とされる．つまりこの引用文の関心は，ある〈覚知〉の対象が世俗有（saṃvṛtisat）か勝義有（paramārthasat）かを識別する基準に置かれ，それゆえに対象から〈覚知〉が生起するか否かによって三種の場合分けがなされている．その一方で，対象から〈覚知〉が生起する過程に焦点をあわせると，三つの場合のいずれにも，先に検討した勝義とその把捉という構造を見出すことができる．

まず〈覚知〉を生じる対象の具体例とされるのは「色の諸集合体」，「集合体」，そして「色など」と「受など」であった．これらはいずれも実体たる法であり[*49]，先に検討した段落 A1, 2 における勝義（究極的対象）に対応すると言ってよいだろう．他方，これらに対して生じる〈覚知〉は「瓶などという〈覚知〉」，「水などの〈覚知〉」，そして色あるいは受の「固有の本質についての〈覚知〉（svabhāvabuddhi）」と言われていた．瓶あるいは水などの〈覚知〉は，その対象（勝義）である色を総体的に捉えるもの，色などの〈覚知〉は，勝義をそれ自体の性質にもとづいて類的あるいは実体的に捉えるものである．したがって段落 B1, 3 では，実体たる法から〈覚知〉が生じるという共通構造が述べられており，それは段落 A1, 2 で解説された勝義（究極的対象）の二種の把捉に相当すると考えられる．

さらに『倶舎論』安慧釈における並行文をみると，衆賢がここで述べている〈覚知〉の性質をより厳密に特定できる．安慧釈並行文において，先に言及した「水などの〈覚知〉（水等覺）」は「『これは水である』という水の〈覚知〉（'di chu'o snyam du chu'i blo）」と表現される[*50]．つまり安慧釈から得られる並行文によれば，水の〈覚知〉とは，単に水の

*49 衆賢は『順正理論』二諦説中で世親批判を行わず，『倶舎論』への増補を行うのみである．そのため二諦説に関する世親と衆賢との理解の相違は明確でない．しかし世親と衆賢が存在論において見解を異にしていたことを想起すれば，その根幹に関わる二諦説について二人が共通した理解を持っていた，とは容易に解釈できない．本章は衆賢の存在認識過程を明らかにすることを主題とするため，この問題に立ち入らないものの，〈覚知〉（buddhi）が生じる対象についての理解が世親と衆賢とで異なっていた可能性を，ここで指摘しておきたい．『倶舎論』で世親は，世俗有勝義有の判別をされている対象を vastu とのみ表現し，法を挙げない．この点は『雑心論』の二諦説とも共通している（張［1995: 132; 134］参照）．一方で衆賢は，本文中で述べたように〈覚知〉の対象に実体たる法を挙げている．この相違は，認識される以前に対象が法（svalakṣaṇa を保つもの）か否かに関し，世親と衆賢の理解が異なっていたことを表しているのかもしれない．

*50 水の〈覚知〉の内容を「これは水である」と表現することは，『倶舎論』安慧釈サンスクリット写本でも支持される．松田［2014b: 385］参照．

表象が心に浮かぶことを意味するのではなく，知覚したあるものを水として認知することを意味する．なお二諦説の議論ではないものの，『順正理論』において〈覚知〉が同様の性質を持つことが言及されている例がある．つまり前節で論じた無所縁心論争において，回転する松明に対し輪を認識する際，その〈覚知〉の内容を「輪である」という文のかたちで表現する例を見出しうる*51．したがって衆賢自身にとっても〈覚知〉とは，認識対象についてそれが何であるかを認知するものであり，その内容が「これはXである」という文の形で表現されるものであったと考えられる．

以上を総合すれば，段落B1, 3で述べられる，〈覚知〉による勝義有世俗有の判別は次のように言い換えることができよう．まず〈覚知〉を生じる対象（勝義）とは実体たる法である．この法に対し，「これはXである」というようにその対象が何であるかを認知する〈覚知〉が生じる．この「Xである」の「X」が対象を総体的にとらえたものならば，その対象は世俗有とされ，「X」が対象を実体的あるいは類的にとらえたものならば，その対象は勝義有とされる．

さらに衆賢は段落B2, 4において，ある〈覚知〉を生じた対象が世俗有あるいは勝義有とみなされる過程を，詳細に論じている．以下に，該当箇所の和訳を提示する（テクストは上述）．

> 【B2】そのものがいまだ破壊あるいは分析されていないとき，〔その対象に〕世俗の名辞が設定される*52（saṃvṛtisaṃjñā kṛtā）．設定された存在であるので，世俗有*53と名づける．世俗によって*54（saṃvṛtivaśāt）「瓶がある」と説くことは真実（satya）であって虚妄でないので，世俗諦と名づける．たとえば，世俗によって（*saṃvṛtivaśāt）「存在するものである」と説く〔のと同様〕であるから．

> 【B4】これは真実の存在するものであるので，勝義諦*55と名づける．すべての時に本体が常に存在しているのであるから．勝義によって（*paramārthavaśāt*56）「色

*51 『順正理論』(T 29, 623b13–17)，および本書p. 59参照.

*52 『順正理論』玄奘訳文によれば「世俗の名辞によって「それである」と設定する（以世想名施設：「爲彼」)」と理解することができる．この玄奘訳文も，〈覚知〉を生じた対象に対し世俗の名称が設定される，という内容を述べるものの，諸概念の格関係が不明瞭である．そこでこの一節は『順正理論』玄奘訳文によってではなく，『倶舎論』および『倶舎論』安慧釈の並行文（松田［2014b: 385］参照）から想定される“saṃvṛtisaṃjñā kṛtā”にもとづいて訳を与えた．

*53 玄奘訳文では「世俗」．註*44参照.

*54 『倶舎論』から想定されるサンスクリット原語による訳．『順正理論』玄奘訳によれば「依世俗理」.

*55 玄奘訳文では「勝義」とあるが，『倶舎論』並行文に依拠して「勝義諦」と読んだ

*56 註*54において，「依世俗理」のサンスクリット原語を『倶舎論』に依拠して“saṃvṛtivaśāt”と想定できることを述べた．この箇所も，主題が勝義についてであるものの，文脈を同じくしているので，同様に

がある」などと説くことは真実であって，虚妄ではないので，勝義諦と名づける．たとえば勝義によって（*paramārthavaśāt）「存在するものである」と説く〔のと同様〕であるから．

先に明らかになった衆賢の二諦理解を参照するならば，この段落 B2, 4 で述べられる諦と有の設定は，次のように解釈することができよう．まず世俗の場合について瓶を例とすると，勝義（究極的対象）たる色法の集合を認識対象として「これは瓶である」という〈覚知〉が生じる．このとき対象たる色法には「瓶」という世俗の名称（saṃvṛtisaṃjñā），つまり心不相応行である名（nāman）が設定されている（kṛtā）．この設定された名称ゆえに（「依世俗理」，saṃvṛtivaśāt），我々は「瓶がある（「有瓶」，ghaṭo 'sti）」と言うとしても，その言明は真実（satya）となる．ゆえに，その〈覚知〉を生じ，「瓶」という名称が設定された対象について「世俗諦」という概念を適用することができる．そしてこの世俗諦の設定と同様に，存在するもの（「有」，*sat）も設定される．つまり「瓶である」などの〈覚知〉を生じた対象に「存在するもの（「有」，*sat）である」という判断を下せるので，それに対し「世俗有」という概念を適用できる[*57]．他方，勝義諦，勝義有の設定は次のように説明できよう．色法を認識する場合を例とすると，勝義たる色法を認識対象として「これは色である」という，固有の本質についての〈覚知〉（svabhāvabuddhi）が生じる．このとき〈覚知〉の究極的対象（勝義）に依拠して（*paramārthavaśāt）「色が存在する（「有色」, *rūpam asti）」という言明は真実（*satya）であるので，その対象に「勝義諦」という概念を適用することができ，また同様に「勝義有」とすることもできる．

この解釈によれば，衆賢は二諦説において対象の同定から存在判断が導かれるという過程を述べている，と理解することができよう．ある勝義（究極的対象）を把捉することで生じる〈覚知〉は，その対象が何ものであるかを判断し，「これは X だ」と同定する．これに依拠して，対象に対してそれが何として存在するかが判断され，その対象を指して「X が存在する（／ X は存在するものである）」という存在の言明が可能となるのである．衆賢の二諦説が背景とする対象の同定と存在判断の過程は，色という対象に「瓶だ」あるいは「色だ」と理解する場合を例として，次頁のように図示することができる．

---

類推した．

*57 「世俗有」と名指されるもの（たとえば「瓶」など）は名称としてのみの存在にすぎず実体を伴わない，という理解は，少なくとも『順正理論』においてはあてはまらない．上座の二諦説理解を反論する際（『順正理論』T 29, 666b27–c8），世俗有である「如来」「命者」「有情」などは基体たる色法と同一でも別異でもないと述べる．ここからは，世俗有が単なる名称のみではなく，名称の基体をも包括して指す概念だと衆賢に理解されていたことを読み取ることができる．本章註*16 参照．

| 対象の同定 | | 存在判断 |
|---|---|---|
| 〈覚知〉:「これは色だ」 | → | 勝義諦，勝義有と判断 |
| 類的・実体的把捉↑ | | ↓言明:「色が存在する」 |
| | 色（勝義） | |
| 総体的把捉↓ | | ↑言明:「瓶が存在する」 |
| 〈覚知〉:「これは瓶だ」 | → | 世俗諦，世俗有と判断 |
| 対象の同定 | | 存在判断 |

### 1.3.3　〈覚知〉による存在判断：性類と有

先に，衆賢の「対象となって〈覚知〉を生じるもの」という存在の定義に二つの意味があることを考察した．第一に無を対象とする認識が不可能であることを意図して，存在するものである認識対象のみから〈覚知〉が生じるという，存在論的な意味，第二に過去未来に対し存在すると判断しうることを意図して，〈覚知〉を生じた認識対象こそが存在するものである，という認識論的な意味である．

存在の定義に込められた衆賢の二種の存在理解は，上に示した二諦説の背景にある存在認識の過程の中に位置づけうる．つまり勝義たる対象からそれが何であるかを知る〈覚知〉が生じる過程は彼の定義の第一の意味に，〈覚知〉にもとづいてその対象に「諦」あるいは「有」という概念を適用する過程はその第二の意味に対応している．したがって衆賢は，対象が何かを同定する〈覚知〉の後に，その対象を存在するものと判断する，という存在認識の過程を念頭に置き，彼の存在論を展開したと結論しうる．

しかし衆賢の存在認識過程には，ここまでに検討した存在の定義と二諦説の記述だけで理解できない，いまだ不明な点があることを指摘できよう．存在の定義で述べられた〈覚知〉と存在するものの二種の関係は，二諦説の議論によれば一連の過程として連結して理解することが可能なものであった．しかし対象から生じた〈覚知〉によってその対象が存在するものであると判断することができるためには，対象をあるものとして同定することが存在を判断することへと必然的に結びつく理由が，示されねばならない．つまり，対象の同定によって存在判断が可能であると衆賢が考えた根拠が明確でない．

その根拠は，三世実有説中で論じられる体同性別と呼ばれる議論に見出される．体同性別とは，『順正理論』「弁随眠品」の三世実有説中で論じられる法の構造分析であり，存在の定義と並ぶ衆賢の存在論として重視されている[58]．この議論の主題は，過去未来が「存在する」ことと現在が「存在する」ことの区別を論証することにあるが，その論証のために，法が体相と性類という二つの要素へと分析され，さらに性類と存在（「有」）[59]の関係が論じられる．以下に該当箇所を引用する．

> 又非已滅及未已生可得説言：「同現實有」．以如是理蘊在心中，應固立宗：「去來定有」．諸有爲法歷三世時，體相無差，有・性寧別．豈不現見有法同時體相無差而有・性別．如地界等内外性殊，受等自他樂等性別．此性與有理定無差．性既有殊，有必有別．由是地等體相雖同，而可説爲内外性別，受等領等體相雖同，而可説爲樂等性別．又如眼等在一相續，清淨所造色體相同，而於其中有性類別，以見聞等功能別故．非於此中功能異有，可有性等功能差別．然見等功能即眼等有．由功能別故，有・性定別．故知諸法有同一時體相無差，有性類別．既現見有法體同時體相無差，有性類別；故知諸法歷三世時體相無差，有性類別．如是善立對法義宗．（『順正理論』T 29, 625a17–b2）
>
> 【訳】またすでに滅したものといまだ生じおわっていないものとについて「現在と同じように存在する」と言うことはできない．次のような道理が念頭にあるなら「過去未来が必ず存在する」という主張を確立するはずである．諸有為法が〔過去現在未来という〕三世を移行するとき，体相に差異はないものの，存在（*sat）と性類にむしろ区別がある．どうしてある法について，同一時において体相に差異がないものの存在と性類が別であることを観察しないのか〔，必ず観察する〕．たとえば，地界などに内外といった性類の差異があり，受などに自〔己のものか〕他〔者のものか〕，楽〔・苦・不苦不楽〕などの性類の区別がある．この性類と存在とは，道理として決して違いがない．性類に差異があるからには，存在にも必ず別異がある．これゆえに，地などという体相は同一であっても，内外などの性類が別だと言うことができ，受などは受容（「領」，*anubhava[60]）などの体相が同一であっても，楽などの性類が別であると言うことができる．さらに，たとえば眼などが同一相続にあって，清浄（*prasāda）な所造色であるという体相が同一であるとしても，その

[58] 青原［1986b: 77］等参照．

[59] 本書では，「有（*sat）」を基本的には「存在するもの」と理解し，そう訳している．性類と併置される「有」も同様の意味で解釈しているものの，「性類と存在するもの」では用語のバランスが取れないため，本節では「存在」という語を「有」にあてた．

[60] 『倶舎論』「界品」（AKBh E 15, 22）などの有部論書では，受（vedanā）の本質が「領納（anubhava）」と一般的に言われることから，この原語を想定した．

中で性類の区別がある．見る，聞くなどという功能（*sāmarthya, *śakti）が別であるからである．この場合，功能が存在と別異であることはなく，特定の功能と等しい性類が存在してよい．そうであるならば，見るなどの功能はそのまま眼などの存在であり，功能が区別されることによって，存在も性類も必ず区別される．したがって，諸法において同一時に体相が別異でないことがあっても，性類に区別があると知る．ある法体が同一時において体相に差異がないとしても性類の区別があることを観察したからには，諸法が三世を移行するとき，体相に差異がないとしても，性類の区別があると知るのである．このようにアビダルマの意味と主張を適正に確立するのである．

衆賢がこの引用文中で行っている議論を理解するためには，特に性類（*bhāva*61）という概念の意味を知る必要がある．性類という概念は『順正理論』中でしばしば言及されるものの，三時の区別に関する法救（Dharmatrāta）説とそれに対する衆賢の解釈が特に示唆的である．

三世実有説を説く婆沙論以降の有部論書では，三世がいずれも存在するものでありながら，過去現在未来が区別される理由について，法救・妙音（Ghoṣaka）・世友（Vasumitra）・覚天（Buddhadeva）という四人の論師の説が引用される．その一つである法救説は，bhāva の変化によって法が三世を移行することを説明する．たとえば金の器が金という同一の本質を保ちながら別の形に作り変えられるように，「同様に法も，未来世から現在世に至りつつあるとき，未来であること（anāgatabhāva）を捨てるが，実体であること（dravyabhāva）を〔捨て〕ない」*62．つまり，法が三世の移行に伴い「未来であること（anāgatabhāva）」などといった性質，換言すればその法が何であるかを変化させつつも，法そのものの同一性は保たれる，という*63．三世実有説を説く有部論書においては通常，法救説はサーンキヤに等しい説として排斥され，世友説が正統とされる．

しかし衆賢は，法救説を世友説と同内容の正統説と評価する*64．彼によれば，法救説

*61 本章註*67 で引用される *Tattvasaṃgrahapañjikā* の衆賢説要約文において，性類に該当する語は dharma である．しかしながら『順正理論』では諸法の性類を主題として論じているので，この文脈における性類の原語が dharma であったとすると，諸法と性類が原語を同じくすることになってしまい不自然である．したがって，ここでは本文中でも触れた，法救説の類（bhāva）を衆賢が性類と解釈する一節にしたがい，bhāva と還元した．

*62 “evaṃ dharmo ’py anāgatād adhvanaḥ pratyutpannam adhvānam āgacchann anāgatabhāvaṃ jahāti na dravyabhāvam /”（AKBh Pr 296, 12–13）

*63 Dhammajoti［2009: 136–137］参照．氏は，上記の法救説と『順正理論』三世実有説の記述（T 29, 630b; 633a）をもとに，bhāva を svabhāva が必ずそれを伴って存在するような，特定の存在様態（“mode of being”）であると解釈している．

*64 河村［1974: 42–48］は，衆賢と同様の理解が『雑心論』（T 28, 961c–962a）で用いられていることを指

は「ただ，諸法が世（adhvan）において活動するとき，体相が同一であるとしても性類が異なることを述べるのであり，これ（性類）は尊者世友のいう分位（avasthā）と同じことである*65」という．つまり衆賢は，自身のいう性類と法救の bhāva は等しい概念であり，それらはさらに世友の言う分位（avasthā）とも同内容であると理解していた．

衆賢が法救説に対して下した評価を逆に言えば，衆賢のいう性類は法救の bhāva，つまりある法が何であるかの何に相当する，法のあり方*66のことであったと考えることができる．衆賢のいう性類が法のあり方を指すと考えると，上の引用文で衆賢が行う論述は次のように整理することができよう．

法のあり方たる性類は，具体的には苦楽，内外，過去現在未来という内容を持ち，法を構成するもう一つの要素である体相（*svarūpa*67）と区別される．体相とは，たとえば受（vedanā）の本質が受容（*anubhava）であるように，その法をその法たらしめる定義的特質である．それは，苦楽などの様々な性類によって限定されるとしても，それらの性類の基体*68として変化することがない．そしてこのように性類と体相を区別するとき，諸

---

摘している．

*65 但說諸法行於世時體相雖同，而性類異，此與尊者世友分同．（『順正理論』T 29, 631b8–10）

*66 福田［1988a: 60–64］は，法救説を参考にしつつ，『順正理論』の「性類」を，それぞれの法が現在段階において発揮する「それぞれ固有な「在り方」」（同 61）であり，それは「過去・未来にも，言わば潜在的に備わっている」（同 63）と説明した．筆者は，「性類」を解釈するにあたりこの福田説を参考にしたものの，「性類」を法に固有なあり方に限らない，より広義の存在様態一般と解釈している．というのも本文中で引用した『順正理論』の記述および法救説によれば，法の「固有な「在り方」」のみならず，過去性や未来性も性類の一種とみなす方が自然な理解のように思われたからである．もし過去性なども性類であるならば，性類を現在において発揮されるものに限ってしまうと，過去性なども現在の段階において発揮される固有のあり方であることになってしまうだろう．

*67 玄奘訳有部文献中にある「體相」の用例中でサンスクリットが判明するものは少なく，また対応語も定まっていない．Cox［2004: n. 67. See also 576–578; n. 54］によると，玄奘訳『倶舎論』には「體相」の用例が 6 例あるものの，サンスクリット対応語があるものはそのうち 2 例に限られる．そしてその 2 例の原語はそれぞれ dravya と svarūpa であるという．また，加藤［1985: 497］，青原［1986c: 35］，福田［1988a: 58–61］参照．
ここでは，これらの先行研究も指摘する *Tattvasaṃgrahapañjikā* の "Traikāryaparīkṣā" にあらわれる衆賢説の要約文での用語にもとづき想定した．当該要約文は，以下の通り．"svarūpāvyatirikto 'pi viśeṣako dharmo dṛṣṭaḥ, yathā sapratighatvādiḥ pṛthivyādīnām. te hi padārthatvenāviśiṣṭā api sapratighā apratighāḥ, sanidarśanā anidarśanā iti svarūpāvyatiriktair dharmair viśiṣṭāḥ pratīyante, tadvat kāritreṇāpi dharma iti."（志賀［2015a: 178, 1–3］，TSP（620, 12–15）に対応．和訳は志賀前掲論文（199）を参照）
なお安慧の *Pañcaskandhakavibhāṣā*（Kramer［2013: 95, 2ff.］）ではアーラヤ識の存在論証の中で三世実有説批判が展開される．その中で第一に引用される三世実有論者の説は，bhāva の svarūpa は変化しないものの，kāritra の点で三世の区別がある，というものである．これを衆賢説と断定することはできないが，三世を経ても変わることのない本質を svarūpa と呼ぶ点で，*Tattvasaṃgrahapañjikā* と一致していよう．松田［2010］参照．

*68 衆賢は，諸法は自性（svabhāva）を包摂（saṃgraha）する基体であるという．『順正理論』（T 29, 343a）

法の存在（「有」, *sat）は性類と不可分の関係に位置づけられる（「此性與有理定無差」）. つまり，ある体相に属する「X であること」という性類は，ある法が X として存在していることと切り離すことができない. たとえば，ある受容（anubhava）が苦であることと，苦が存在することは表裏一体となっている. さらに性類と存在とは，法の様々なはたらきを意味する功能（*sāmarthya, *śakti[*69]）とも不可分である. つまりその法のはたらきと連動して，ある法が何であるか，何として存在するかが決定されることになる. 衆賢が挙げる眼の例を用いるならば，ある浄色（rūpaprasāda）に「見る」という功能があることと，その浄色は眼であることと，眼があることは分かちがたく結びついている[*70].

さて引用文冒頭によれば，体相と性類との区別および性類と存在との不可分性が，過去未来として存在するものと現在として存在するものとの区別を知るための根拠であると衆賢が位置づけていることは明らかである，しかし彼の議論は唐突に終了しており，この根拠によって三世の存在が区別される論証の過程が明示されることはない. しかしここで提示される根拠と結論との内容に鑑みれば，その論証はおよそ次のようなものであったと考えられる. つまり我々が同一の体相を保持する法に対して「過去である」「未来である」という性類と「現在である」という性類とを区別していることが，一般に受け入れられる事実として[*71]暗に了解されている. それを前提として，性類と存在とが不可分である以上，その法の過去あるいは未来として存在するものと現在として存在するものとが区別される，と導出されるのである.

ここでいう性類と存在との不可分性と，衆賢の存在の定義とを比較すると，両者がある同一の事態を異なった側面から論じていることが分かる. 〈覚知〉を生じる対象は存在するものであるという存在の定義は，認識者がある認識対象に対して「これは X である」という〈覚知〉が生じた場合，その認識対象に「存在する」と判断することを可能にしていた. したがって存在の定義とは，ある法が何ものかであること（「X である」という〈覚知〉を生じること）と何ものかとして存在すること（「X がある」という判断）とを，認識者の観点から結びつけるものであった. これに対し性類と存在の不可分性は，法を存在論的に分析してえられるあり方（性類）と存在（有）とが不可分であることを言う. つま

---

参照. また ADV（J 8, 11–9, 10）.

*69 功能のサンスクリット原語を想定する根拠については，青原 [1986c: 30–34] 参照.

*70 同様の指摘は佐々木現順 [1974: 155–163] によってもなされている. しかしながら佐々木氏の論述はインド哲学の一般論あるいは sat の語義などを根拠とするものであり，『順正理論』の記述にもとづいていない. そこで，ここでは『順正理論』に即して解釈した. なお Cox [2004: 577–578] は，因果論的観点から衆賢の性類と〈有〉について論じている.

*71 三世実有説を批判する世親も，「存在した」,「存在している」,「存在するだろう」という三時制が区別されることは承認している.『倶舎論』（Pr 299, 21–25）参照.

り性類と存在の不可分性とは，ある法が何ものかであることと何ものかとして存在することとを，認識対象たる法に観点をおいて結びつけるものであった．

したがって，先に確認した衆賢の存在認識過程は認識対象たる法の存在論的構成と軌を一にしていると言ってよい．しかしながら，法の存在があり方と不可分であるから〈覚知〉による存在判断が可能とされるのか，逆に〈覚知〉による存在判断が可能であるからこそ法の存在があり方と不可分であるのか，衆賢の思考の方向性は判断しがたい．いずれにせよ，一般的に言って，我々の経験世界の中に何ものでもなく存在するものは見出すことができず，すべてのものは必ず何かとして存在する．認識の観点から言うと，我々の認識はいかなる性質も持たない存在するものを捉えることができず，認識しうるのは何者かであるものだけである．このような「である」と「存在する（がある）」の不可分性を背景として，衆賢が自身の存在論，存在認識過程を組み立てていると言うことができよう．

## 1.4 〈覚知〉の意味

### 1.4.1 『順正理論』の〈覚知〉の意味をめぐる問題

以上の考察を踏まえれば，衆賢の念頭にあった存在認識過程において〈覚知〉（「覺」，*buddhi）が重要概念であったことは明らかである．〈覚知〉は，究極的対象（勝義）たる法を総体的あるいは類的・実体的に把捉することによって生じる．〈覚知〉の内容は，典型的には「これは瓶である」という文で表わされるような，認識対象が何であるかを同定するものである．そして〈覚知〉にしたがって「存在する」という判断が下される．

このように存在判断に直結する〈覚知〉は，衆賢によって特定の心的現象と考えられていたようである．このことは第 1.2.4 節で引用した無所縁心論争の一節から窺うことができる．直接関係する箇所の和訳のみ，再度引用する．

> そもそも「非存在」という語は，本体が完全に無であることを意味する．無は自相共相を決定的に逸脱している．どうして〔無が〕〈覚知〉の対象あるいは識（*vijñāna）の対象と名づけられようか．もし，「そのまま無が〈覚知〉と識の対象である」と言うならば，そうではない．〈覚知〉と識にはかならず対象があるからである．つまり，すべての心心所法はただ自相共相のみを対象とし，完全な無である法を対象として生じない．（『順正理論』T 29, 622b23–26, 和訳）

衆賢はここで〈覚知〉と識（*vijñāna）という二つの概念を並列し，区別して用いている．このことから，衆賢にとっても〈覚知〉が識一般とは区別されるような，特定の認識を指すものとみなされていたことが推定される．

〈覚知〉は重要概念であり，しかもそれを衆賢が限定した意味で用いていることが推測されながら本書でこれまで論じてこなかったのは，〈覚知〉の意味を特定する上でいくつかの問題があるからである．このことは第1.2.2節で簡単に触れたが，再度詳細に確認しておきたい．第一には，「覺」という玄奘訳語上の問題を挙げることができる．『倶舎論』のサンスクリット文と玄奘訳との対比から「覺」という語は，buddhi の他にも buddha, bodhi, prabuddha, mata, sparśa などの訳としても用いられることが知られている*[72]．そのため玄奘訳でのみ完本が残る『順正理論』において「覺」という語があらわれたとしても，『倶舎論』との対応関係が見出されない場合，それが buddhi を意味する用例とあつかえるかどうか不明な場合も多い．第二の問題は，buddhi を意味するであろう「覺」にも用法上の揺れがあることである．『倶舎論』との対比から buddhi を意味することが明確な「覺」あるいは「覺慧」の用例の中にも，存在認識過程にいう〈覚知〉と同一と判断しがたいような，一般的な分析知あるいは思考力などを意味する例*[73]がしばしば見られる．このような用法上の揺れは，buddhi が衆賢ら論師たちにとって定義されて用いられた術語ではなかったことを予想させ，意味の特定を困難にする．第三の問題は，存在認識に見られるような「覺」を直接説明する記述が見出されないことである．「瓶等覺」などといった，ある対象に対する認識を意味する「覺」に限定して用例を収集しても，その「覺」が何であるかを直接説明する箇所は『順正理論』，『顕宗論』の中には見出されない．また周知のように*[74]有部アビダルマ論書では経験世界の諸事象を法（dharma）の因果関係へと還元して論じる傾向があるため，「覺」も特定の法を指している可能性が高い．しかしそれを何らかの法に同定する記述も，やはり見当たらない．さらに『倶舎論』など周辺文献においても，三世実有説や二諦説などで buddhi（「覺」）という語の用例はあるものの，やはりその意味に言及しない*[75]．

---

*72 詳細は平川［1973–1978: vol. 2, 73–74］参照．

*73 たとえば第1.3.2節であつかった二諦説では，水から色などを析出する，分析力としての「慧（buddhi）」があらわれていた．もちろん〈覚知〉が「これはXである」と判断することも分析にもとづいているのではあろうけれども，このような対象を同定する〈覚知〉と，水から色などの要素を析出する分析力とを同一視することは，困難であるように思われる．また衆賢は，「上座」を批判する際に，彼の「覺慧」が衰えてしまっていると言うことがある．例えば，「然彼上座覺慧衰微，於無過中妄興過難．」(『順正理論』T 29, 461a9–10)（【訳】しかしながらかの上座は「覺慧」が衰えており，過失のないところに対し，過失に対する非難をみだりに立てている．）という文において，「覺慧」は思考力という程度の意味で解釈されるべきだろう．

*74 Rosenberg［1924］以来，この思想傾向とその背景にある法の体系は，近現代の学者によって「法の理論」と一般に呼ばれている．櫻部他［1996: 56–57］など参照．

*75 なお『光記』は，『倶舎論』(Pr 300, 15–16) にいう buddhi に対し「一切覺者謂心心所」(T 41, 313b21)（【訳】すべての覚というのは，心心所である）という註釈を与えている．しかしこの註釈では buddhi が

おそらくは「覺」という語に関するこのような資料状況のためであろう，管見によれば，「覺」の語義を論じた先行研究はいまだ現れていない．衆賢の存在論に言及する諸研究の多くは「覺」に言及するものの，それに idée, cognition, 認識，知識，知などの訳語を与えるにとどまっている*76．ただ佐々木現順氏の一連の著作*77のみにおいて「覺」の意味が論じられるものの，「覺」は何らかの対象に対して生じる，感官知と概念的把握の両者である，というごく大略的な解説がなされるに過ぎず，またその典拠も示されない*78．

本節では，衆賢の存在認識過程における〈覚知〉の意味を考察する．しかし結論から言えば，筆者も今回の考察によって〈覚知〉の意味を特定するに至らなかった．むしろ衆賢のいう〈覚知〉には，存在論の文脈に限定しても意味上の揺れがあるようにさえ思われる．ここでは〈覚知〉の意味を明確に論じることが期待されているだろうが，今回は〈覚知〉の意味に揺れがあることを以下の手順で説明するに議論を留め，今後の研究の進展を待つこととする．まず『順正理論』「弁本事品」（T 29, 374b–375a）に見られる直接知（現量，pratyakṣa）に三種あるとする説（以下「三現量説」）を資料として，そこで言及される現量覚（*pratyakṣabuddhi*79）の性質を明らかにする．現量覚は有部の法体系との関係が最も明確な「覺」の用例であり，その性質をある程度特定することができる．次に同論「弁随眠品」の三世実有説で言及される〈覚知〉の用例と現量覚とを照合する．そしてその両者の性質が一致する例と一致しない例とがあることを指摘し，衆賢の認識論と〈覚知〉という概念に研究の余地があることを示す．

---

なんらかの心心所法を指すという以上のことを理解しえない．

*76 衆賢の存在の定義に言及する諸研究が buddhi に与える訳語は以下の通りである．なお佐々木現順氏の理解は，本文と以下の註*78 で論じたので，ここでは割愛した．Idée : LaVallée Poussin [1936–1937: 28]．Cognition : Cox [1988: 47]，Cox [2004: 576]，Dhammajoti [2009: 69]．認識：宮下 [1994: 105]，秋本 [2002: 27–28]．知識：梶山 [1983: 27]．知：桂 [2015: 20]．

*77 佐々木現順 [1958: 361–362]，佐々木現順 [1969: 25–28]，佐々木現順 [1974: 156; 163–166]．

*78 氏の〈覚知〉に対する理解は二点にまとめることができるだろう．第一は，〈覚知〉は認識対象を捉えるということである．氏はこのような〈覚知〉を「客体を認識する意識」，「その領域に来るものに対して直接的に働きかけて行く意志的作用」（共に佐々木現順 [1974: 164]）と表現している．第二は，〈覚知〉には感覚的知覚のみならず何らかの概念的把握の作用があるということである．氏の表現によれば，〈覚知〉は「境に触発せられて表象を作ってゆくところの力」（佐々木現順 [1958: 361]）あるいは「感性的知覚を意味するのみではなく知性的構想能力をも併せ意味してゐるところの概念」（佐々木現順 [1958: 362]）であり，「感性的作用と共に知性的な知覚作用を意味している」（佐々木現順 [1974: 156]）という．

*79 現量覚の想定原語は，吉田 [2011: n. 4] にしたがった．

### 1.4.2 三現量説における現量覚

衆賢は三現量説を『順正理論』中で二度言及する．三種とは，依根現量（*indriya-pratyakṣa[*80]）・領納現量（*anubhavapratyakṣa）・覚了現量（あるいは覚慧現量，*buddhi-pratyakṣa）である．他の有部論書において関連する議論が見出されていないため，三現量説が形成された思想史的経緯は明らかではないものの，衆賢がそれを承認していることは出現箇所の文脈上疑いない．『順正理論』において三現量説が出現する箇所は，第一に「弁本事品」（先述），第二に「弁智品」（T 29, 735c–736a）である．第二の「弁智品」における記述は，類智が現量か比量（anumāna）かを論じる部分にあたり，それらの差異に焦点を当てた論述がなされるものの，本節の問題である〈覚知〉（現量覚）の生起過程については言及がない．そのためここでは「弁本事品」での記述に絞って検討を行い，「弁智品」のそれは参考に留める．

なお衆賢の三現量説については，いくつかの先行研究がある．宮下［1983: 100; fn.49］は『倶舎論』「智品」安慧釈の一部を和訳し，そこに三現量説の並行文があることを指摘した．そのほかに Yao［2005: 86–89］，Dhammajoti［2009: 272; 276–277］，吉田［2011］，Sharf［2018: 848–852］などの研究がある．しかしながらこれらはいずれも本研究と関心を異にし，〈覚知〉に注目して三現量説を論じていない．また三現量の相互関係を描写するにあたり，『順正理論』のテクストに即していない点が一部に見られる．そこで以下では，これらの諸研究を参照しつつも「弁本事品」の三現量説を改めて吟味し，そこから現量覚の生起過程を析出する．また Dhammajoti［2012: 222–226］は，「弁本事品」の三現量説出現箇所をその前文も含め英訳しているが，ここでは筆者の理解を明示するため，同英訳を参照しつつも該当箇所を独自に和訳した．

『順正理論』「弁本事品」で三現量説が現れるのは，『倶舎論』「界品」第44偈cdに対する註釈部分である．当該偈では，意識は過去として存在する意根に依拠し，眼識などの前五識は過去の意根と現在の眼根などに依拠することが説かれる．衆賢は『倶舎論』（E 53, 21–54, 16）に対応する註釈を述べた後，前五識の対象は現在のみであることへと議論を

*80 依根現量の原語を Dhammajoti［2009: 276］は*indriyāśritapratyakṣa および*indriyapratyakṣa と，Yao［2005: 86］は*indriyāśrayapratyakṣa と想定する．ここでは，『順正理論』「弁智品」（T 29, 736a9–11）に対応するチベット語訳『倶舎論』安慧釈並行文（P tho 442b6–7）における “dbang po'i mngon sum”（*indriyapratyakṣa）をもとに想定した．なお，『瑜伽師地論』「聞所成地」における因明論では四種の現量を立てるが，その第一は rūpīndriyapratyakṣa, 第二は mano'nubhavapratyakṣa である（矢板［2005: 107, 13–15］参照）．他方，領納現量と覚了現量の想定原語は，先述した Dhammajoti 前掲書に従った．

進め，そこに五識の対象は過去と主張する*81対論者を登場させる．衆賢がこの対論者を批判する際に提示する論拠の一つは，五識の対象が過去であるならば，現量覚が生じることはない，というものであった．この論拠に対し，感受についての現量覚が過去を対象とする，という対論者からの想定反論が述べられる．その想定反論を反駁する中で，衆賢は三現量説を提示する．以下に該当箇所を引用する（議論を整理するため段落番号と話者を附記した）．

【衆賢】又若五識唯縁過去，如何於彼有現量覺？

【対論者】如於自身受有現量覺，謂：「我曾領納如是苦樂.」

【衆賢】此救不然.【1】於自身受領納・覺了時分異故．謂，於自身曾所生受餘時領納，餘時覺了．領納時者謂爲損益時．爾時此受未爲覺了境．謂，了餘境識俱生受正現前時，能爲損益，此損益位名領納時，即自性受．領所隨觸自體生故，識等領彼損益行相自體起故．此滅過去，方能爲境生現憶念．此憶念位名覺了時．由斯理趣，唯於現量曾所受事有現量覺．故現量覺於自身受有義得成.

【2】現量有三，依根・領納・覺了，現量性差別故.

【3】過去色等既許未曾現量所受，云何可言：「如自身受有現量覺.」如於他身受非自領納現量所受，則無現量覺言：「我曾受如是苦樂.」縁彼受智既非現量覺，如是現色等非自依根現量所受，應無現量覺謂：「我曾受如是色等.」縁彼境智應非現量覺．又若現在色等五境非現量得，如縁未來受所起智縁非曾領納現量所得故，必無自謂：「我曾領受如是苦樂」，例縁過去色等起智，縁非曾依根現量所得故，應無自謂：「我曾領受如是色等.」如苦受等必爲領納現量受已，方有縁彼現量覺生．如是色等必爲依根現量受已，方有縁彼現量覺生．現所逼故，定應信受.

【4】若領納受時非縁受爲境，縁受爲境時非領納受者，世尊何故作如是言：「受樂受時如實了知：『受於樂受.』*82」乃至廣説？此無違失．如是所説是觀察時，非領納時．顯觀行者於曾領納現量所得樂等受中無迷謬故，作如是説．是故不應於諸現量曾未受境有現量覺．（『順正理論』T 29, 374c2–375a4）

---

*81 経量部的認識論では，感官知が生じる瞬間に対象はすでに過去になっているとされる．加藤［1989: 217–221］参照.

*82 玄奘訳『倶舎論』「業品」（T 29, 81b22–23）に同様の引用がある（サンスクリット本では言及されない）．西［1935: 646, fn. 164］は『雑阿含経』第 290 経（T 2, 82a）に対応する表現があることを指摘する．Chung［2008: 102–103］によれば，同経は *Nidānasaṃyukta* 第 8 経（Tripāṭhī［1962: 120–121］）との平行関係が指摘されているものの，当該の文章に対応する表現は *Nidānasaṃyukta* 中にない．また『法蘊足論』（T 26, 476c23–477a17），『発智論』（T 26, 1023b6–8），『新婆沙』（T 27, 948b–c），本庄［2014: no. 4064］参照.

【訳】【衆賢】またもし五識がただ過去のみを所縁とするならば，どのようにそれ（過去の所縁）に現量覚があるのか．

【対論者】自身の受に現量覚があり，「私はこのような苦あるいは楽をかつて受容した」と言うのと同様である．

【衆賢】この反論は適切でない．【1】自身の受に対して受容と了解とをする時間が異なっているからである．すなわち，自身のかつて生じた受に対して，ある時に受容し，別の時に了解するのである．受容する時とは，損害・利益である時である．その時には，この受（受容する時の受）は，まだ了解の対象ではない．つまり，それ以外の対象（受容された受ではない，外界の対象？）を認識している識と同時に生起している受が現前している時に損害・利益であるのであり，この損害・利益の段階が受容する時と名づけられ，〔その受は〕自性受*83である．附随している触を受容してその本体が生じるのであるから，識などはその損害と利益の行相を受容して，その本体が生じるのであるからである．これ（自性受）が滅し過ぎ去ってはじめて，対象となって現在の想起を生じる．この想起の段階が了解の時である．この道理によって，直接知によりかつて感受された事柄に現量覚がある．したがって現量覚が自身の受に存在するということが成立しうるのである．

【2】直接知には，直接知の性質の差異にもとづいて，依根〔現量〕・領納〔現量〕・覚了〔現量〕という三種がある．

【3】〔対論者は〕過去の色などがかつて直接知によって感受されていないと認めるのであるから，どうして「自身の受に現量覚があるのと同様である」と言うことができるのか〔，言えないはずである〕．たとえば，他人の身体における受は自らの領納現量によって感受されたのではない〔ので，それについて〕現量覚によって「かつて私はこのような苦あるいは楽を感受した」と言うことはない．その受（他人の受）を所縁とする知はまったく現量覚ではないからには，同様に現在の色などが自身の依根現量によって感受されたのでない〔とき，それについて〕現量覚によって「私はかつてこのような色などを感受した」と言うことは無いはずである．それ（過去の色）を所縁とする知も現量覚であるはずがない．また現在の色などという五つの対象が直接知によって把捉されないならば，たとえば未来の受を所縁として生じる知はかつて領納現量によって把捉されていないものを所縁とするので，〔その人には〕みずから「私はかつてこのような苦あるいは楽を感受した」と言うこと

*83 『順正理論』（T 29, 338c25–28）によれば，自性受とは，その受にしたがう触（心所法の一種）を受容する受であり，受の所縁を受容する執取受と区別されるものである．この二受の区別について，箕浦［2018］が詳細に考察している．ほか Yao［2005: 81–85］, 吉田［2011: n. 22］を参照．

は決してないように，過去の色などを所縁として生じる知を例とすれば，〔その知は〕かつて依根現量によって把捉されていないものを所縁とするので，〔その人には〕みずから「私はかつてこのような色などを感受した」と言うことはないはずである．たとえば苦受などもかならず領納現量によって感受されてはじめて，それを所縁とする現量覚が生じることがあるように，同様に色などもかならず依根現量によって感受されてはじめて，それを所縁とする現量覚が生じることがある．〔現量覚は対象に〕現に差し迫っているのであるから，必ず信頼すべきである．

【4】もし受を受容するときに受という対象を〔了解の〕所縁とせず，受という対象を〔了解が〕所縁とするとき受を受容しないならば，世尊は何ゆえに「楽受を感受するとき『楽受を感受する』とありのままに知る」などのように言ったのか．これに矛盾はない．このように〔仏によって〕説かれているのは〔かつて受容した苦受を後に〕観察するときであって，受容の時ではないのである．観察行を行う者はかつて領納現量によって把捉した楽などの受について誤ることがないことを顕示するので，〔仏は〕上のように説いた．これゆえに諸々の直接知によってかつて感受されなかった対象に対して，現量覚があることはない．

ここで論じられている現量覚の性質を理解するためには，まず三現量の構造を整理する必要があろう．この引用文は，先に述べたように五識の対象は過去ではないことを論証する文脈に位置するものであり，直接知の分類そのものを問題としていない．そのため三現量説の記述は断片的ではあるものの，上の引用文から三現量の関係を次のように再構成できる．

まず【2】によると，直接知には依根現量，領納現量，覚了現量の三種がある．三現量の内容は「弁本事品」では解説されないものの，「弁智品」（T 29, 736a9–13）によると，依根現量は「五根に依拠して，色かたちをはじめとする五つの外界の対象を現在において把捉すること（依五根現取色等五外境界）」，領納現量は「受や想などの心心所の現前（受・想等心心所法正現在前）*84，覚了現量（「弁智品」では覚慧現量）は「諸法の適正な自相共相の証得（於諸法隨其所應證自共相）」であるという．

次に【1】によると，受容の時と了解（想起）の時が区別される．まず受容の時とは実際に損害と利益を受け入れた時であって，その時に苦楽の感受（「自性受」）が生じる．しかしその段階は，まだ受について了解（「覺了」）されていない．受容の時が終わった後でそれを想起する段階になって，かつて受容した感受について了解する．これを三現量に対

*84 アビダルマ文献において「領納（anubhava）」は，受（vedanā）の定義に用いられる語であるが，ここでは心心所法一般に拡張されている．「（対象の）受容」という程度の意味で解するべきであろう．

応させると，苦楽の感受という領納現量が生じた後に苦楽であることを了解する覚了現量が起こる，という順序がある．

【3】によると領納現量と覚了現量の場合と同様，依根現量と覚了現量の間にも，色などの受容という依根現量が起った後に了解する覚了現量が起こる，という順序が成り立つ．さらに覚了現量は，「かつて私はこのような苦あるいは楽を感受した」などという，かつて受容した対象についての言明を引き起こすことも述べられている．

【3】からはさらに，現量覚が覚了現量の段階においてのみ生じる，限定された知と考えられていたことを読み取りうる．たしかに現量覚という語のみを見れば，三現量すべてと共にあるかのようにも思われよう．しかし【3】末尾において衆賢は依根現量，領納現量による感受が終わってはじめて現量覚が生じる，という順序を明言していることから，現量覚がそれら二現量に続く覚了現量の段階に属する知のみを指していることを看取しうる．

そして【4】によれば，仏あるいは三昧修行者が苦の観察などを行う際も，これら三現量の構造に沿い，かつて受容した苦を苦として観察するという．

以上によれば，三現量の関係は次のように図示することができる[*85]．

| 受容の時 | | 想起（了解）の時 | | |
|---|---|---|---|---|
| 依根現量／領納現量 | → | 覚了現量 | → | かつて受容した対象の言明 |
| | | （現量覚を生じる） | | |

この図からも明らかなように，三現量説は「現量」（*pratyakṣa, 眼前）という語を用いながらも，直接的に対象を受容する時とその対象を想起するときの二段階からなり，一連の認識過程を構成している．そして現量覚は，第二段階である想起のときに生じる認識対象の了解（「覺了」）そのものであり，「私は～を受容した」という言明を可能にする．

ここで『順正理論』を含む有部論書における認識論を参照すると，現量覚に以下の二点の性質があることを推定しうる．

第一は，現量覚が有部の六識説にいう意識（manovijñāna）における認識と考えられる

---

*85 Yao [2005: 88] も衆賢の三現量の関係を図示している．しかし Yao 氏の図は，おそらくは氏の問題関心にとって考慮する必要がなかったであろう以下の二点に関し，ここでそのまま用いるには不十分である．第一に，Yao 氏はインド仏教思想における自己認識に関心をおいたため，当該の図において覚了現量が第二刹那における再認識であることを示すことに焦点が置かれ，現量覚の生起，かつて受容した対象についての言明については図から割愛してしまっている．第二に，Yao 氏は依根現量／領納現量と覚了現量とを連続二刹那に生じるものとして図示するが，これは『順正理論』の記述を十分にカバーしていない．というのも，本文中に引用した段落【4】において三昧修行者が過去を想起して現量覚を起こす場合，依根現量／領納現量による対象の受容と覚了現量による想起（了解）は連続二刹那に起こらないと考えられるからである．したがってここでは Yao 氏の図を参照しつつも，以上二点を勘案して新たに図を作成した．

ことである．このことは，上記引用箇所を紹介した吉田[2011: n. 17]によってすでに指摘されている．しかしながら吉田氏は意識との関係を指摘するのみであるため，有部諸論書にみられる意識によって再認識が行われるという説を以下で概観することにより*86，現量覚との関係を明確にしたい．

意識とは，有部の六識説の中で眼識から身識という前五識（五つの感官知）と並んで数えられる心的認識であり，意根（manaindriya）をよりどころとして法（dharma）を認識するものと位置づけられる*87．そして有部論書では伝統的に，前五識によって捉えた対象を再認識するはたらきが意識にあると考えられた．たとえば『発智論』など*88によると，色声香味触は自相を捉える眼識などと自相共相を捉える意識とによって認識されるという．この前五識と意識との認識内容の相違は，『識身足論』（T 26, 559b27–c2）で一層踏み込んで記述されている．それによると，眼識は青色を認識（「了別」）するが，「これは青色である」（「此是青色」）とは認識しない．意識は，名称を知る以前は「これは青色である」を認識しないが，名称をも捉えたならば，「これは青色である」を認識するという．

以上に紹介した有部論書の記述は，前五識と意識の内容を説明するものの，それらの前後関係に言及していなかった．これに対し『品類足論』など*89は，前五識によってまず対象が受容され意識によって再認識される，と両者の間に前後関係があるという．さらに『五事婆沙』（T 28, 992a16–b2）では，眼識が先に色かたちの自相を識別し，その後に分別を伴う意識が自相共相を識別する，という諸論書を総合した説が解説されている．

『倶舎論』は，これらの論書の説を継承し，感官知の対象を意識が再認識する，と理解していた．「界品」第48偈a註釈中では「色声香味触界は，順番に眼耳鼻舌身識によって受容されたものが，意識によって認識される」*90と論じ，加えて同論「世品」（AKBh Pr 144, 2–3）は，先述の『識身足論』に対応する一文を，意識が言語を対象とすることの教証として引用している*91．

『順正理論』，『顕宗論』においてもこれらの『倶舎論』の記述はそのまま引き継がれて

*86 意識による再認識については，Cox [1988: 36; n. 31]，Dhammajoti [2009: 229–232]，Sharf [2018] といった先行研究がある．これらを参考にしつつ，本文では必要な情報に絞って概説した．

*87 那須良彦[2015: 49–52]など参照．

*88 『発智論』（T 26, 923a–b; 987a），『八犍度論』（T 26, 777b–c; 862a–b），『新婆沙』（T 27, 154c; 689b），『旧婆沙』（T 28, 118b–c），『雑心論』（T 28, 880a）．

*89 『品類足論』（T 26, 692c–693a），『衆事分論』（T 26, 627b），『五事論』（T 28, 996a），『五法行』（T 28, 999a）．

*90 “rūpaśabdagandharasaspraṣṭavyadhātavo yathāsaṃkhyaṃ cakṣuḥśrotraghrāṇajihvākāya-vijñānair anubhūtā manovijñānena vijñāyante /”（AKBh Pr 57, 16–17）

*91 『識身足論』当該文の，より後代の文献（*Pramāṇasamuccaya* など）における引用については，Hattori [1968: 26; n. 36]参照．

いるため*92，衆賢も前五識によって受容された対象を意識が再認識すると考えていたと言ってよい．そして再認識をする意識と，自相共相を知る覚了現量において生じる現量覚とはその位置づけとはたらきが共通している．したがって，三現量説の中で六識説が言及されることはたしかにないものの，衆賢のいう覚了現量による了解は意識による再認識と共通の事態を述べたものと解釈できる．

第二は，現量覚の作用が，受容した認識対象が何かを判断するものだとみなしうることである．衆賢によれば，受容した対象が了解（「覺了」）されて現量覚を生じ，それによって「かつて私はこのような苦を感受した」というような，かつて受容した対象に関する言明が可能になるという．ここで用いられる「覺了（*pratisaṃvid?, *avabodha?)」という語については，『順正理論』「弁差別品」*93において，心所法である慧（prajñā）と関連づける言及を見出すことができる．そこには，心心所が別異であるとすると一心に「覺了」するものが複数存在してしまうことになる，という対論者が登場するが，彼に対し衆賢は「覺了」というはたらきが帰属する本体は，慧（prajñā）のみであるという．さらに『順正理論』とその周辺文献において，心所法の慧は*94「法の弁別（dharmapravicaya)」を本質とすると言われ*95，具体的には「これはXである」などといった文で表されるような，洞察，判断，知識などを意味する*96．特に意識と相応した慧は，見解（darśana,「見」）ともいわれ，判断（saṃtīraṇa, 決度）としてはたらくという*97．これらの慧の特徴を勘

---

*92 『倶舎論』「界品」第48偈aを註釈する『順正理論』（T 29, 376c–377a),『顕宗論』（T 29, 794c）では，漢訳文を見る限り前五識と意識の先後関係あるいは意識による再認識は明確に述べられていない．しかしそれらの訳文は玄奘訳『倶舎論』と一致する．したがって両論書上記箇所でも，前五識による対象の受容と意識による再認識が述べられていたと考えれられる．『識身足論』対応文の引用については『順正理論』(T 29, 506c),『顕宗論』(T 29, 845a).

*93 「有餘復言：「若心心所其體各異，於一心品應有衆多能覺了用．故心所法應不異心.」此亦不然．能覺了用體唯一故．覺了謂慧，非心心所皆慧爲體．如何令餘非覺了性成覺了體．故無斯過.」(『順正理論』T 29, 396a11–15)

*94 筆者は，『倶舎論』を中心とした有部論書における慧の意味と訳語について，バウッダコーシャ・プロジェクトの公開シンポジウム「仏教用語の今昔（いま　むかし）－翻訳はいかにして可能か－」(2014年11月，於東京大学仏教青年会）にて「説一切有部のprajñā」と題する口頭発表を行った．本シンポジウム全体を出版する計画は，筆者が博士論文を執筆していた当時にも存在こそしていたものの，博論提出の時点に至るまでまったく具体化していなかった．そのため博士論文の本節該当箇所においては，上記のシンポジウムで発表した知見を盛り込まず，学界で周知されている情報を用いて，論旨に必要な限りで慧の作用について略述した．

上記の口頭発表は，そののち一色[2017]として学術雑誌に掲載された．しかしながら今回の出版にあたり再度検討したものの，この拙論であつかった慧の意味の多様性や現代語訳についての知見などは，本書の論述に必須のものではないように思われた．そこで本書にそれを収録せず，慧についても概説にとどめた．慧に関する詳細は，上記の拙論を参照されたい．

*95 『倶舎論』(Pr 54, 22),『順正理論』（T 29, 384b6–7）など．

*96 AKVy（W 127, 28–31).

*97 『倶舎論』(E 46, 8–18),『順正理論』（T 29, 364a22–23), AKVy（W 80, 6）など．

案すると，意識における認識である了解（「覺了」）とは，受容した対象が何であるかを判断するものとみなすべきだろう[*98].

### 1.4.3　三世実有説に見られる〈覚知〉の用例との対比

衆賢のいう現量覚と存在認識過程における〈覚知〉とに，共通点があることは明らかである．現量覚は，直接知の一種でありながら対象を目の当たりに受容する時の後に生じ，受容した対象が何であるかを判断するものだと考えられる．他方〈覚知〉も，典型的には「これは瓶である」という文で表わされるような，認識対象が何かを同定するものであった．両者の「覺」は，その内容がよく一致している．

そして対象そのものに直面する直接知の場面においてさえも，「覺」が対象の直接的な

---

*98　現量覚が意識による再認識であり対象の性質の判断であるとしても，それが「これは青である」という文でその内容が表されるような言語の介在する有分別知か，青などの対象の顕現にとどまる無分別知かは判然としない．

先行研究もこの点で意見が分かれている．吉田［2011: n. 17］は現量覚と随念分別の関係を指摘した上で，現量覚は仏教論理学にいう「知覚判断」に相当する有分別の知であるとする．氏の解釈によれば，衆賢は有分別の知も現量に含むことを三現量説で表明したことになるだろう．これに対し Dhammajoti［2009: 276–277］によると，青という自相の認識にとどまる場合と四諦十六行相の観察のように三昧における直観の場合の直接知が覚了現量であり，「これは青である」という場合は共相の認識であって現量でない，と解釈される．氏は解釈の根拠を明示していないものの，『識身足論』などで述べられる意識には青と認識する場合と「これは青だ」と言語的思考を含む場合の両方があるという説と，『発智論』などに言う意識が自相共相を認識するという説を結合したのであろう．氏の解釈を取れば，後代の仏教論理学と同様，衆賢も現量を分別を離れた知と理解していたことになる．

衆賢の記述は曖昧であり，この両解釈の一方を積極的に支持する言明を『順正理論』あるいは『顕宗論』に見出すことは難しい．たしかに Dhammajoti［2009: 284, n. 126］は，『光記』（T 41, 135b23–c4）に記述された有部の現量理解と三現量説との関連を指摘してはいる．『光記』によると，声聞独覚の非三昧状態の心（「散心」）であっても前五識の直後の意識と三昧によって引き起こされた意識とは現量であると有部では考えられていた，という．しかしながらこの記事も，現量である意識が無分別であるとは断言しておらず，Dhammajoti 氏の解釈を十分に裏づけていない．

とはいうものの Dhammajoti 解釈は，眼識などによって認識対象が受容された後に無分別の意識が存在すること，および「これは青だ」という認識が共相の認識であることという二点の仮定をおいてはじめて成り立つものである．そしてこの二点は，現在に至るも有部論書を直接の典拠として論証されていない．したがって，現時点では吉田解釈が妥当であるように思われる．

そもそも瀧川［1999］が指摘するように有部論書における「分別」の意味には揺れがある．また一部の静慮の中には言語が介在していること（前田［2005］，前田［2006b］，前田［2006a］参照），あるいは五識や高次の三昧であっても自性分別あるいは随念分別が残ると考えられていたことが示すように，有部論書では有分別と無分別との区別は画然としていない可能性があるだろう．さらなる研究が待たれる．

なお以前，筆者は日本印度学仏教学会第 66 回学術大会（於高野山大学）2015 年 9 月 20 日パネルにおいて「説一切有部の vikalpa」という題目のもと三現量説に関し口頭発表を行った（論文未発表）．その際，三現量説と分別に三種ありとする三分別説との関係を指摘し，三現量説を分別とされる諸心所がはたらく判断形成過程として解釈した．

受容とは区別されるような，概念的判断とみなされていることは，〈覚知〉の意味について非常に示唆的である．つまり一般に対象の受容と〈覚知〉が異なるならば，たとえば眼が青色を捉えた時に生じる青という感覚的表象は〈覚知〉ではなく，感官知によって把捉された青に対する「青である」という判断のみに〈覚知〉は限定されていると解釈できるだろう．

しかしながら受容された対象に対する判断であると言われた現量覚は，あくまでも「覺」という語を用いて表現される概念の一つにすぎない．現量覚が示唆する「覺」の意味が，衆賢の存在認識過程にみられる〈覚知〉の意味とみなしうるか否かは，諸用例に照らして具体的に検証されなければならない．

ただし『順正理論』に見られる「覺」という文字が必ずしも衆賢の存在論にいう〈覚知〉を意味しないことは先に述べたとおりであり，無作為に「覺」という語を取り出して検討することは無意味である．そこで以下では同論「弁随眠品」で三世実有説が論じられる第50巻から主要な用例を取り出し，現量覚との意味の異同を考察する．当該箇所は第1.2節であつかった部分であり，存在するものが〈覚知〉を生じる認識対象と定義され，また非存在が〈覚知〉を生じるか否かが議論されている．したがって衆賢の存在論に直結して〈覚知〉が論じられていることが明らかである．また当該箇所は，認識を意味する「覺(*buddhi)」という語が『順正理論』の中で最も集中して言及される部分でもある．したがって衆賢の存在論における〈覚知〉の意味を考察する際，そこでの用例は第一に参照されるべき資料であると言ってよい．

さて同論第50巻における〈覚知〉の諸例を現量覚と照合すると，その中に現量覚と同様に知覚にあらわれたものに対する判断を意味する例と，現量覚とは区別されるべき感覚的知覚そのものを意味する例を見出すことができる．以下ではそれぞれの主要例を示す．

まず〈覚知〉が直接的に知覚にあらわれたものに対する判断を意味する例は，衆賢が錯覚などに実体的対象があることを論じる部分に見出される．『順正理論』(T 29, 622a–624c)において，非存在も認識対象たりうるとする譬喩者の前主張に対し，衆賢が批判を加えていることはすでに述べた．そこで紹介される譬喩者の説では，錯覚などが非存在を対象とする認識の実例とされる（同622a）．それに対し衆賢は，たとえ認識内容とは実態を異にするとしても，それらの認識にも何らかの対象が存在すると説明する（同623b–624c）．その議論の中には，認識対象とは異なった内容の〈覚知〉を生じる過程が三例ある．第一は旋火輪（松明を振り回した時に輪のように見える火の残像，*alātacakra）や我のような対象の錯覚の例，第二は修行者が一切を青と観察するような勝解作意（adhimuktimanaskāra）の例，第三は感覚器官の異常により複数の月を見る例である．これらの中でも第一の例が最も詳細に解説されており，なおかつ錯覚のみならず対象に即した正しい認識に関する言及も含む．該当箇所を以下に引用する．

> 又彼所説：「旋火輪・我二覺生時，境非有」者，亦不應理．許二覺生如人等覺亦有境故．謂，如世間於遠闇處見杌色已，便起人覺，作如是説：「我今見人.」非所見人少有實體，非所起覺縁無境生．即以杌色爲所縁故．若不爾者，何不亦於無杌等處起此人覺？
> 旋火輪覺理亦應然．謂，輪覺生，非全無境．即火爝色速於餘方周旋而生，爲此覺境．然火爝色體實非輪，而覺生時謂：「爲輪」者，是覺於境行相顛倒．非此輪覺縁無境生．
> 我覺亦應准此而釋．謂，此我覺即縁色等蘊爲境故．唯有行相非我謂：「我」，顛倒而生．非謂所縁亦有顛倒．故契經説：「苾芻．當知．世間沙門・婆羅門等諸有執我等隨觀見，一切唯於五取蘊起.」理必縁蘊，而起我見．以於諸蘊如實見時一切我見皆永斷故．(『順正理論』T 29, 623b8–23)

【訳】また彼（譬喩者）が説く，「旋火輪と我という両者の〈覚知〉が生じる時，対象は非存在である」ということも，理にかなわない．両者の〈覚知〉が生じるときも，〔枝のない木を対象とする〕人などの〈覚知〉と同様に対象があると認めるからである．すなわち世間の人が遠く暗いところに枝のない木の色かたちを見，人という〈覚知〉を起こし，以下のように言う，「私は今，人を見た」と．見られた人には実体がいささかもあることがないものの，起こされた〈覚知〉が存在しない対象によって生じたのではない．枝のない木の色かたちを所縁とするからである．もしそうでないならば，どうして枝のない木などがないところにも，この人という〈覚知〉を起こさないのか．
旋火輪の〈覚知〉も道理はそのようであるはずである．つまり輪という〈覚知〉が生じる時，全く対象が存在しないのではない．火と松明の色かたちが速やかに他の場所に旋回して生じ，この〔旋火輪の〕〈覚知〉の対象となる．しかし火と松明の色かたちの本体は輪ではないが，〈覚知〉が生じるとき「〔これは〕輪だ」というのは，対象についての〈覚知〉の行相が倒錯しているのである．この輪の〈覚知〉が存在しない対象によって生じているのではない．
我という〈覚知〉もこれに準じて解釈するべきである．つまり，この我という〈覚知〉は色などの蘊である対象によるからである．ただ行相だけが存在して，我でないものに対して「我だ」と思い，倒錯して生じている．所縁にも顛倒があるというのではない．したがって経典に説く，「比丘よ．知るべし．世間の沙門，婆羅門らはみな我に執着して観察し，見るが，〔彼らの〕すべてはただこの五蘊に対して〔我という知を〕起こす」*99と．道理としてかならず蘊に依拠して我見を起こす．諸蘊をありのままに見るとき，すべての我見は皆永遠に断たれるからである．

衆賢によれば，旋火輪あるいは我を捉える〈覚知〉は，その内容と一致した対象を持たないものの，まったく対象がないわけではない．それらの〈覚知〉の生起は，枝のない木を人と捉える〈覚知〉を喩例として説明される．つまり暗所などで枝のない木を見た後に，眼で捉えた木を人と誤認する〈覚知〉を生じ，結果として「私は人を見た」というように経験内容を語ることがある．この場合〈覚知〉に現れた人が存在するわけではないものの，枝のない木はその〈覚知〉の対象として存在している．同様に回転している松明あるいは五蘊という把捉された対象を，その実態とは異なったあり方（「行相顛倒」）で捉えた結果として，旋火輪あるいは我という内容の〈覚知〉が生じる．これらの〈覚知〉にも，認識内容と異なったあり方をしているものではあるが，対象が存在する．特に我の〈覚知〉が五蘊を対象とする錯覚であることは，経典における仏説によって裏づけられるとともに，五蘊を五蘊として認識する修行者がそれを我と考える見解を持たないことによっても論証される，という．

衆賢の解説は，錯覚にも何らかの対象が存在していることに主眼を置くものであり，〈覚知〉の意味について言及することはない．しかしこの解説の前提にある，〈覚知〉の生起過程を吟味することによって，その意味を窺うことができる．喩例とされる枝のない木を人と捉える〈覚知〉の場合，その生起過程は三段階で解説される．まず (1) 暗所などで枝のない木を見（感覚的知覚），その後に (2) それを人と捉える〈覚知〉を生じ（対象の誤った同定），その結果 (3)「私は人を見た」という言明をする（知覚した対象の言明）．旋火輪と我との〈覚知〉の生起過程は上の引用文では明確に論じられていないものの，喩例である人の〈覚知〉の場合と同様であると考えてよいだろう．したがって上の引用文でいう〈覚知〉とは，知覚した対象の同定だとみなすことができる．

たしかにここで衆賢が解説するのは対象の誤認としての〈覚知〉であり，その点で対象をありのままに認識する現量覚とは異なる．しかし衆賢がこの両者に共通する生起過程を考えていたことは，上の引用文における〈覚知〉と現量覚との生起過程を比較することによって，また我の〈覚知〉に関して衆賢が上げた二つの論拠を検討することによって推測することができる．

---

*99 この経典引用文は，次の対応文を参考に和訳した．“ye kecid bhikṣavaḥ śramaṇā vā brāhmaṇā vā ātmeti samanupaśyantaḥ samanupaśyanti, sarve ta imān eva pañcopādānaskandhān iti /”（AKBh 282, 1–2. 本庄［2014: no. 5006］参照）

まずこの三段階の〈覚知〉生起過程の各段階は，三現量説で見られた現量覚の生起過程（第 1.4.2 節参照）のそれと一致する．三現量説で述べられる認識過程は，(1) 色，受などを依根現量，領納現量によって受容し（受容の時），その後 (2) 受容した対象が何であるかを了解して現量覚を生じ（想起（了解）の時），(3)「かつて私は色などを受容した」という言明をするものであった（かつて受容した対象の言明）．一見して明らかなように，かつて受容した対象に対する判断がその対象に即しているか否かという点を除けば，旋火輪などの〈覚知〉と現量覚とは，一連の認識過程の中で同じ位置を与えられている．

さらに衆賢は現量覚についてはたしかに言及しないものの，上の引用文で，仏や修行者の対象に即した認識の生起過程も錯覚の場合と同じ構造をもつことを示唆している．衆賢は，世間の人がもつ「我」という認識の対象が実は五蘊であるとする仏説と修行者に我見がないこととを論拠として，我の認識の対象は五蘊だという．この衆賢が示した論拠は，経典の話者である仏と修行者とは五蘊を対象として「我である」という〈覚知〉を起こさず，「五蘊である」とありのままに認識し語った，ということだと換言できよう．これはつまり，対象に即したものであるか否かを問わず，〈覚知〉は対象が何であるかを同定し，言明を生む，と衆賢が考えていたことを暗示している*100．

したがって衆賢がここでいう〈覚知〉とは，たとえ対象とは異なった内容を捉えていても，現量覚と同じ過程によって生じる，知覚した対象が何かを同定するものだったと言うことができる．これは，衆賢が別に挙げる例として先述した，修行者の勝解作意の場合と感官に異常のある者が複数の月を見る場合とにおいても同様である．前者の場合，ヨーガ行者は一部の相を観察したのち，その観察対象において敷衍した行相を起こし，勝解作意の〈覚知〉を生じる．したがって，この〈覚知〉は諸蘊を対象としているという*101．一方，後者の場合，眼識が生じるときの対象としては一つの月を見るものの，感官異常によって識が不鮮明になり，「多くの月がある」と思うような誤った〈覚知〉を生じる．したがって，この〈覚知〉の場合も対象は非存在でなく，あくまでも月であるという*102．いずれの場合についても，〈覚知〉が知覚とは区別されており，なおかつ知覚に後続して生

*100 この対比は，第 1.3 節で論じた衆賢の二諦説における二種の〈覚知〉の生起を想起させる．ただし枝のない木に対し「人が存在する」と述べたとしても，それは世俗の語の適用に照らして真実（satya）でないので，この場合に人は世俗諦ではないだろう．

*101 「瑜伽師見少相已，自勝解力於所見中起廣行相生如是覺．此覺即縁諸蘊爲境．」（『順正理論』T 29, 623b23–25）

なお同論「弁賢聖品」（同 672a–b）によれば，勝解作意による三昧である不浄観は，修行者が眼前の対象は骨でないことを自覚した上でなされるので，倒錯ではないという．

*102 「縁多月識境亦非無．謂，眼識生但見一月，由根變異發識不明，迷亂覺生謂：「有多月.」非謂此覺縁非有生，即以月輪爲所縁境．」（『順正理論』T 29, 623c22–25）

じ，対象を何者かとして捉える点は共通していると言ってよい．

このよう知覚対象が何かを同定する〈覚知〉を論じる一方で，衆賢は，それとは明らかに異なった〈覚知〉にも言及している．ここで議論を振り返ってみると，現量覚については依根現量，領納現量と覚了現量の時間的相違が強調され，錯覚としての〈覚知〉についても対象の直接的な知覚の後に生じると言われていたように，衆賢のいう同定としての〈覚知〉は，感覚的知覚と同時刹那にはありえないものであった．これに対し知覚と同時に〈覚知〉がありうることを示唆する議論が，無所縁心論争の一部に見られる．

そこではまず，非存在を対象とする認識がありうるとする譬喩者の説に続いて，アビダルマ論師たち（「對法諸師」，*Ābhidhārmikāḥ）の説が紹介される（『順正理論』T 29, 622a27–b6）．彼らによれば，〈覚知〉は経典の説によって認識手段（「所依」）と認識対象（「所縁」）が確定しているので，その対象が非存在であることはありえないという．さらに衆賢は，このアビダルマ論師たちの立論に対する反論者を登場させるが，その反論は，一部の〈覚知〉が過去未来を認識するからといって眼による〈覚知〉が過去未来を対象としないように，一部の〈覚知〉に所縁があるからといってすべての〈覚知〉に所縁があるわけではない，というものであった（同 622b6–11）．この反論者に対する第一の再反論として，衆賢は次のようにいう．

> 此但有言，都無理趣．要由有境爲別所緣，覺方有殊．如眼等覺．謂，如現在差別境中眼等覺生，而非一切皆以一切現在爲境．如是於有差別境中一切覺生，而非一切皆以一切有法爲境．（『順正理論』T 29, 622b11–15）

> 【訳】この〔反論〕はただ言葉だけがあって，論理を伴わない．存在する対象が個々別々の認識対象となることによってはじめて，〈覚知〉には差異があるからである．たとえば眼などによる〈覚知〉のように．つまり，現在の特定の対象に対して眼などによる〈覚知〉が生じるのであって，すべての〔眼などによる〈覚知〉〕がすべての現在を対象とするのでない．同様に特定の対象に対してすべての〈覚知〉は生じるのであって，すべての〔〈覚知〉が〕すべての存在する法を対象とするのではない．

衆賢によれば，すべての〈覚知〉にとって存在するものが対象であるとしても，すべての〈覚知〉がすべてを対象とするのでない．個々の〈覚知〉は例外なく対象があるとしても，それぞれある特定の対象を捉えるからである．たとえば眼などによる〈覚知〉はある特定の現在のものを対象とするが，現在の一切を対象としない．それゆえ対論者の反論は論理的でないという．

この議論において衆賢は，眼などの感官によって現在の対象に対し〈覚知〉が生じる，と発言する．つまり眼などによる〈覚知〉とその対象とは，同時刹那に存在することになるだろう．現量覚のようなかつて受容した対象に対する判断としての〈覚知〉は，感官による受容の後に生起するものとされていた．したがって眼などによる〈覚知〉は，かつて受容した対象に対する判断と同義ではありえないだろう．それはむしろ，感官によって対象を受容することそのものと解釈せざるをえない．

以上で『順正理論』「弁随眠品」三世実有説における〈覚知〉の用例の中に，現量覚と同じくかつて受容した対象に対する判断と解釈しうる例と，感覚的受容そのものと解釈せざるをえない例とがあることを示した．〈覚知〉にこの二つの意味があることについては，様々な解釈がありうるだろう．一つの解釈として，感覚的受容を意味する〈覚知〉は，衆賢の存在判断における〈覚知〉とは別概念とみなすことも可能かもしれない．なぜならば眼などによる〈覚知〉は，アビダルマ論師たちの説に端を発する議論の中で衆賢が言及するものだったからである*103．しかしながら先に述べたように，『順正理論』において〈覚知〉の意味が論じられることはなく，また〈覚知〉の意味を判断する手がかりとなりうる用例は上記以外の箇所からもいまだ見出されていない．したがって残念ながら目下〈覚知〉の意味に結論を与えることはできない．

とは言え少なくとも，現量覚と同じく，かつて受容した対象が何であるかを判断する〈覚知〉の用例を『順正理論』三世実有説中に見出すことができることは確かである．今回の研究ではこの点を指摘するに留め，衆賢の認識論研究の進展を待つことにしたい．

## 1.5 本章の結論

本章では，『順正理論』の諸記述をもとに，存在を認識する過程に関する衆賢の理解を考察し，キータームである〈覚知〉の意味を論じた．

衆賢は『順正理論』「弁随眠品」で三世実有説を論じるにあたり，「対象となって〈覚知〉（「覺」，*buddhi）を生じるもの」が存在するもの（「有」，*sat）であるという，存在の定

---

*103 『順正理論』中から，感覚的受容を意味して「覺」を用いている可能性のある記述を，もう一箇所だけ指摘できる．『順正理論』（T 29, 353b）は，「上座」が十八界の中で触界に含まれる滑らかさ（ślakṣṇatva）などの諸法を大種の配置の差異とするのに対し，衆賢が反論する箇所に当たる．そこで衆賢は，滑らかさなどの「覺」が分別を離れてありうるとし，滑らかさなどの「覺」を身識（*kāyavijñāna）と言い換えている．

ただし，『倶舎論』において sparśana などを「覺」と訳す例が知られているため（平川 [1973–1978: vol. 2, 73]参照），この記述においても，身識という感覚的受容が〈覚知〉（*buddhi）と呼ばれているのではない可能性が残る．

義を提示する．この存在の定義は，その前後の議論の中で二通りに使用され，それぞれの場合において「存在するもの」の意味が異なることが確認される．第一に無所縁心論争において衆賢は，認識対象が認識の外界に存在することを述べる．この場合，存在の定義は存在するもののみが〈覚知〉を生じることを意味し，そこで語られる「存在するもの」とは認識の原因となる，認識の外部に存在するものである．第二に過去未来の存在の論証において，認識対象一般に「存在するもの」という判断を適用可能である，と衆賢は主張する．この場合，〈覚知〉が生じているならば，その対象を「存在するもの」と判断できる，ということを存在の定義が意味することになる．そしてここでの「存在するもの」は，〈覚知〉の生起にもとづいて「存在する」と判断された内容を指す．瓶や軍隊などといった仏教的に実在性を否定されるものも，この意味において存在している．

つまり衆賢は正反対の仕方で存在の定義を用い，「存在するもの」という語に二つの意味を持たせた．これを単に衆賢の用語上の混乱とみなすことはできない．というのも第一の意味で存在するもの（外界の認識対象として存在するもの）と第二の意味で存在するもの（判断の内容として存在するもの）は，〈覚知〉の生起をはさんでその前後に位置する．したがってこの二つの意味の存在の背景には，存在するものから〈覚知〉を生じ，〈覚知〉によって存在を判断する，という存在と認識に関する異なった二つの事態が述べられていると考えられるからである．

この二つの事態は，衆賢の二諦説において一連の存在を認識する過程として述べられる．衆賢によれば，諦という判断を下しうる対象は，すべて勝義（paramārtha, 究極的対象）であって実体（dravya）たる法である．そして世俗も心不相応行の名（nāman）を指すものとされ，勝義の中に含まれる．これら勝義を総体的に把捉し「これは瓶だ」などの〈覚知〉が生じる場合は，その勝義に設定された世俗の名称（saṃvṛtisaṃjñā）によって「瓶は存在する」という言明が真実（satya）となる．それゆえその対象を「世俗諦」あるいは「世俗有」と呼ぶことが可能となる．これに対し，勝義を実体的あるいは類的に把捉し固有の本質についての〈覚知〉（svabhāvabuddhi）が生じる場合は，勝義そのものに依拠して「色は存在する」という言明が真実となる．それゆえその対象を「勝義諦」あるいは「勝義有」と呼ぶことが可能となるという．要するに衆賢の二諦説では，勝義たる諸法が〈覚知〉の生起の前提としてあり，それらの把捉の仕方の相違によって異なった存在が判断されることが述べられている．

この存在認識過程では，認識者にとって対象の同定（〈覚知〉の生起）と存在の判断とは直結するものとされる．衆賢はさらに認識対象たる諸法の存在論的構成においても，存在するものとそのあり方が不可分の関係にあるという．法は，体相（*svarūpa）と性類（*bhāva）という二つの構成要素に大別される．体相はその法において不変の定義的本質であるのに対し，性類は，その法が「何であるか」の何にあたるような，その法のあり方を指す．そしてこの内の性類は，法の存在（「有」，*sat）および法のはたらきである功能（*sāmarthya, *śakti）と不可分の関係にある．換言すれば，ある法が X であることと，それが X として存在することは，法の存在論的構成においても直結していると考えられていた．

なお〈覚知〉と呼ばれる認識は，衆賢の存在認識過程において重要な役割を果す概念ではあるものの，『順正理論』および周辺の論書においてその意味が論じられることはない．そして単にその意味が不明であるというよりも，むしろ衆賢の存在論においても意味の揺れがあった可能性を，現量覚（*pratyakṣabuddhi）という概念を軸に考察することによって指摘しうる．衆賢が採用する三現量説では，対象の受容である依根現量（*indriyapratyakṣa）および領納現量（*anubhavapratyakṣa）の後に，覚了現量（*buddhipratyakṣa）の段階が位置づけられる．そして現量覚は覚了現量の段階において生じる．現量覚は，有部の法体系の中では意識（manovijñāna）と慧（prajñā）と関係すると目されるものであり，それゆえに，かつて受容した対象が何かを判断するものだと考えられる．したがって現量覚は，衆賢の存在認識過程における〈覚知〉と内容的によく一致する．加えて三世実有説の中でも，現量覚と共通する過程で生じる〈覚知〉を衆賢が述べている例を確認しうる．しかし一方で衆賢は，眼などによる〈覚知〉（「眼等覺」）が現在の対象を捉えるとも言う．この〈覚知〉は感覚的知覚そのものを指すと考えられ，現量覚とは区別されていた依根現量の段階の認識と解釈せざるをえない．このような〈覚知〉にある意味の揺れをどのように理解するべきか，現時点では判断できないため，今後の研究を待つこととした．

そうではあっても，本章で行った考察をもとにすると，衆賢が念頭においていた存在を認識する過程の大略は，次のように記述することができるだろう．まず実体（dravya）であって存在するものである諸法のみが認識対象たりうるとされ，勝義（究極的対象，paramārtha）と呼ばれる．この対象を単に受容するだけではなく，それが何であるかを意識（manovijñāna）において了解するときに，典型的には「これは X である」という内容の〈覚知〉（*buddhi）が生じる．〈覚知〉の生起に際し，対象を総体的に把捉したか，実体的あるいは類的に把捉したかによって認識対象（「これ」）の異なったあり方が捉えられることになるので，対象を同じくしながらも異なった内容の〈覚知〉が生じる．そして「これは X である」という〈覚知〉に直結して，認識対象に対して「X が存在する」という判断が下されることになる．

# 第2章

# 法が存在する根拠

## 2.1　はじめに

本章では，法が存在することの根拠を衆賢が何に求めていたかを考察する．本章の問題の所在を明らかにするために，まず前章の結論に分析を加えたい．

『順正理論』の二諦説が背景とする存在認識過程の中で，究極的対象である法を「存在する」と判断する部分のみを取り出すならば，次のようにまとめることができる．まず認識者は究極的対象（勝義，paramārtha）として存在する諸法を把捉し，典型的には「これはXである」という文の形で表されるような〈覚知〉を，その諸法に対して生じる．この諸法の把握が，類的あるいは実体的である場合，諸法の固有の性質の〈覚知〉（svabhāvabuddhi）が生じる．そしてこの〈覚知〉をもとに認識者は，「法Xが存在する」という判断を対象に対して下す．この存在の言明は究極的対象たる諸法に依拠するので，その言明は真実（satya）であり，「法X」という対象を勝義諦，勝義有と名指すことが可能になるという．これを図に示すと以下のとおり．

勝義として存在する法X　→　固有の性質の〈覚知〉　→　法Xが「存在する」と判断

たしかにこの過程は，認識者にとって法が存在する根拠を示すものである．法Xがもつ固有の性質についての〈覚知〉を生じた認識者は，その法を「存在する」と判断することができる．したがって彼にとって法Xが「存在する」と言える根拠は，固有の性質の〈覚知〉にほかならない．

しかし〈覚知〉は認識者が行う存在判断の根拠であっても，図の左端に示される究極的対象（勝義）たる法が存在する根拠たりえないだろう．その理由は，第1.3.2節であつかった衆賢の二諦説を再度検証すれば明らかである．当該の二諦説によれば，瓶（世俗有），色

（勝義有）についての〈覚知〉は両者ともに，色などの法を対象として生じるとされていた．そして色などの法に対し「勝義によって（*paramārthavaśāt）『色がある』と説くことは真実（「實」，*satya）であって，虚妄ではない」（『順正理論』T 29, 666a26–27）という．つまり「色がある」という法の存在の言明が真実であるか否かは，その言明が勝義（究極的対象）にもとづいているか否かで判別される．したがって，このように〈覚知〉による存在判断の真偽が判別されるためには，その論理的前提として，究極的対象が何であるかがすでに確定している必要がある[*1]．換言すれば，「色がある」という存在判断の根拠である〈覚知〉とは別に，その〈覚知〉の対象である勝義の法が色と確定される根拠が要請されるだろう．

要するに衆賢は，法 X が「存在する」と判断される根拠を固有の性質の〈覚知〉であると説明したが，その法 X が〈覚知〉以前に存在することの根拠を示していないことになる．たしかに無所縁心論争の文脈（第 1.2.4 節参照）では，存在するものでなければ〈覚知〉を生じないと言われ，その理由は自相共相を持たないものは認識対象たりえないからであると説明された．この解説によれば，自相共相を持つ何らかのものが〈覚知〉の原因として存在していることを説明しうるかもしれない．しかし単に自相共相を持つ何かが〈覚知〉の原因として存在すると分かるだけでは，認識者に〈覚知〉が生じるのに先行して特定の法が存在することを確定しえないだろう．というのも，五蘊に対し「人」という覚知を生じる場合に表されているように，〈覚知〉が対象たる法の性質を常に誤解なく捉えるわけではないからである．

以上の考察から，衆賢の存在論の背景には〈覚知〉以前に法が存在することを承認せしめるような，暗黙の前提があることを予想できる．そしてこの暗黙の前提こそが，『順正

[*1] 先に第 1.2 節であつかった三世実有説では，〈覚知〉以前に法が存在するとしながら，過去未来法が存在することを論証するため，一見すると論点先取が行われているかのようであった．というのも，衆賢によれば，存在の定義（*sallakṣaṇa, *sattvalakṣaṇa）を用いた演繹によって過去未来が「存在する」と判断しうる．つまり存在の定義である「認識対象となって〈覚知〉を生じるものは，存在するものである」ことを前提とするとき，「過去未来は，認識対象となって〈覚知〉を生じる」ことによって，「過去未来は，存在するものである」という結論が導出される．この議論のみを見ると，過去未来の諸法という存在するか否かが疑われるものについて，それらが存在することを〈覚知〉を生じることによって論証しているように思える．しかし衆賢は，同論上記箇所中で無所縁心（非存在を認識対象とする心）が不可能である理由を，存在するもののみが〈覚知〉を生じうるからだと説明していた．この衆賢の発言を過去未来の議論に適用すれば，過去未来は本来的に存在するからこそ，それらについて〈覚知〉が生じていることになる．したがって過去未来が存在することが前提となって，それから生じた〈覚知〉によって過去未来の存在が論証されていることになってしまう．

本章の結論を先取りすれば，この問題は二人の認識者を設定することで解消しうるかもしれない．第一の認識者は仏などであり，彼らは〈覚知〉が生じる前提となった存在するものを直観する．第二の認識者は一般読者であり，彼らは〈覚知〉を生じた原因を直観しないものの，『順正理論』を読んで参考にし，生じた〈覚知〉によって過去未来が存在することを推論するのである．

理論』の思想的基盤であると言ってよいだろう．なぜなら法が〈覚知〉以前に存在する根拠が不確かであるならば，衆賢の存在認識過程そのものが無意味となり，法の存在に関する言明の真偽が判別しえなくなる．さらに，本研究が三世実有説における存在の定義を出発点としたことを思い起こせば，最終的には三世実有説が存立せず，衆賢の思想の全体が成り立たなくなるからである．

そこで本章では，〈覚知〉に先行して勝義たる法が存在する，と衆賢が考えた根拠に問題を絞って考察する．ただし筆者は『順正理論』の三世実有説あるいは二諦説を精査したものの，〈覚知〉に先行して法が存在する根拠について直接論じた記述を見出しえなかった．そこで視野を広げて『順正理論』および同著者の『顕宗論』を渉猟し，得られた諸記述をもとに衆賢の思考を推測した．本章で行った議論の手順は，以下のとおりである．

まず第 2.2 節では，衆賢が行う諸法の実有論証に見られる，論証者に認識されないものの実有とされる法の諸例を検討した．これら諸例は，認識に先行して法が存在しているという点で，上で問題とした〈覚知〉に先行して存在する法と共通している．これらの諸例を検討することにより，論証者たる論書読者の〈覚知〉に先行して勝義たる法が存在している理由を明らかにする．

以上の考察により，衆賢が法が存在する根拠として仏説に極めて大きい役割を与えていることが明らかになるだろう．そこで第 2.3 節では，衆賢が仏説の権威をどのように論証しようとしたかを検討し，衆賢が自身の思想の基盤を何に求めようとしていたのかを考察する．資料としては『順正理論』にみられる仏説が至教量であることの論証と，同じく衆賢の著した『顕宗論』[*2]における仏が一切智者であることの論証を用いた．第 2.4 節では以上の考察を総括する．

## 2.2 認識に先行する諸法

### 2.2.1 有部論書における実有法の自性と認識可能性

婆沙論以後の有部論書[*3]では，実有である法は自性（svabhāva）を保持すると考えられていた．自性とは，実有たる諸法が保持する，固有かつ不変の本質である．Cox [2004:

---

*2 本研究は『順正理論』の思想に主眼をおくものであるが，『顕宗論』の同論証も内容に密接な関連が見られるため，ここで考察の対象に含めた．

*3 宮下 [1997] によれば，いわゆる六足発智と総称される比較的初期の有部論書においても「自性」という語は見いだされるものの，その例は少なく，またその意味も「それ自身」というほどの意味に過ぎないという．Cox [2004: 561] も同様に，個物あるいはカテゴリーとしての諸法の内的本質を意味して「自性」という語が用いられるのは，婆沙論以後だと結論している．

558–565]は，諸法に不変の自性があると考えられた理由を，自性という概念の起源に求めることができると推測している．つまり，有部論書における諸法の分類的考察が複雑化する流れの中で，ある法がある分類に属することを一義的に確定する機能を期待され，法の自性という概念が用いられるようになった．そのため法は自性によって他の法と混同されることなく同定されねばならず，また法はその自性を決して捨てないものと考えられたという．宮下[1997]は，このような性質を備える自性という概念を「法の認識が成立するための法の自己同一性を保証するもの」(同論文 94）と言い表す．そして『新婆沙』にみられる「一切法各住自性」(T 27, 42b1）などの主張が示唆するように，「諸法にはそれぞれ確定した自性があり，そこには何の混乱もないということが，説一切有部の教義学のもっとも重要な原理」(同論文 85）となっていた*4という．

そして実有の法が自性を保持するという有部の理解は，法が実有であることの認識論的根拠として転用されている．つまり有部論書では，ある法の自性を確定しうることが，その法が実有であることの根拠とみなされた．たとえば『倶舎論』「根品」において心不相応行の一つである得（prāpti）が実有であることを世親が否定する際，論点の一つとして「これ（得）の自性が色声など，あるいは貪瞋などのように知られておらず，また〔得の〕作用が眼耳などのように〔知られてい〕ない」*5ということが指摘される．この世親の主張は，次のように解釈することができるだろう．まず，五感で捉えることのできる色（rūpa, 視覚対象）などや心的現象として現れる貪などは，その自性を直接捉えることにもとづき確認することが可能である．これに対し感官などは，それ自体が眼などによって知覚されえないため，自性そのものを認識して確定することができない．しかし感官知が生じることをもとにそれら眼などの作用を知ることができ，それによって眼などが存在することを推論できる．したがって諸法が実有であることは，自性そのものを確認することによって，あるいはその作用をもとに推論することによって知ることができる．一方ここで問題となる得は，その自性も作用も確認されないため実有とみなしえないことになる．この世親の批判は，ある法を他から区別する自性が認識されるか，あるいはその存在を推論する根拠となりうる法の作用が認識されてはじめて，その法を実有と判断しうる，という

*4 自性という概念には，存在を構成する個物としての法を指す場合と，カテゴリーとしての法を指す場合とがあることが知られている．櫻木[1975]は『倶舎論』などにおける自性の用例をもとに，有部論書における自性はこの二義の区別を意識せずに使用していたと考え，有部論書における法をカテゴリーとしての法と個物としての法に分ける解釈を批判している．Cox [2004: 558–565]は，自性概念に二義があることを，諸法の分類的考察から自性概念が発達する思想史を描くことで，説明した．

*5 “kaḥ punar evam ayogaḥ / ayam ayogaḥ yad **asyā naiva svabhāvaḥ prajñāyate rūpaśabdādivad rāgadveṣādivad vā na cāpi kṛtyaṃ cakṣuḥśrotrādivat** / tasmāt dravyadharmāsaṃbhavād ayogaḥ /”（Pr 63, 8–10. 本文中で和訳した部分を太字で強調）

通念が当時あったことを窺わせる．

そして衆賢も，この有部の通念の影響下にあったと考えられる．そもそもこの通念が，認識対象の固有の性質（自性）についての〈覚知〉（svabhāvabuddhi）を得るとき，対象に即した存在判断が可能となる，という衆賢の理解と通底することは明らかである．また『順正理論』において特定の法の実有が議論されるとき，その自性が他から識別して確定されるか否か，あるいはその法が認識されるか否かが論点としてしばしば提出される．具体的には第 1.2 節で論じた過去未来法のほかに，触（触覚対象）に含まれる諸所造色，触（心所法の一種），受想思触（心所法の一種）以外の大地法，得，非得，同分，滅尽定，命根，名句文，虚空，形が，その〈覚知〉が生じること，あるいは固有の作用を確定しうることによって実有とされる[*6]．これに対し衆賢は，我と経部説にいう随眠とについて，固有の作用が確定されないことを理由にそれらが実有であることを否定している[*7]．

要するに有部論書においては，ある人に法の自性が確定されてはじめて，その法は実有であると言えると広く考えられていた．そして『順正理論』も例外ではなかった．このような思想史的文脈を踏まえるならば，前節で指摘したような，〈覚知〉に先行して勝義たる法が存在するという前提は理解しがたい．なぜならば，論書読者（以下，論証者）が法の自性について〈覚知〉を生じる以前に，そこで認識されているものの自性が確定されていないように思われるからである．

しかし衆賢は，自性の確定を根拠に法の実有を論じる一方で，それとは一見するとまったく異なった主張をしていたことが知られている．つまり彼は特定の法について，論証を行う論証者一般によって認識不可能であっても，それが実有であることを認めていた．具体的には涅槃，過去未来法，極微，心不相応行である名句文身[*8]について，論証者一般に認識されずとも実有であると衆賢がみなしていたことが，先行研究によって報告されている．さらに筆者が今回『順正理論』を改めて調査した結果，心所に関して同様の議論を見出した．

これらの事例は，論証者の認識を待たずに法が実有と認められるという点で，〈覚知〉に法の存在が先行するという衆賢の主張と共通している．それゆえこれらの諸法についての

---

*6 触（触覚対象）に含まれる諸所造色（『順正理論』T 29, 353a–b）．触（心所法の一種）（同 384c）．受想思触（心所法の一種）以外の大地法（同 388b–391a）．得（同 397b）．非得（同 399b–c）．同分（同 400b–c）．滅尽定（同 404a–b）．命根（同 404c）．名句文（同 413c–414c）．虚空（同 347b; 430a）．形（同 536a）．

*7 我（『順正理論』T 29, 480a–b）．随眠（同 597a）．

*8 Dhammajoti [2002: 339–340] および一色 [2009] は涅槃について，Cox [1988: 61] は過去未来の諸法について，兵藤 [2006: 53–54] および一色 [2015b] は極微について，Cox [1995: 405, n. 60] は名句文身について報告している．

記述をもとに，それらが存在することの根拠と論証者が認識しえない法の存在を知る手段とについて衆賢の理解を明らかにすれば，彼が〈覚知〉に先行して諸法が存在すると考えた理由を考察する手がかりになるだろう．

そこで本節では以下の手順で議論を行う．まず涅槃（nirvāṇa ＝択滅 pratisaṃkhyā-nirodha）の議論を検討し，衆賢の主張の特徴を明らかにする．涅槃の議論をまず検討するのは，『順正理論』で行われる議論の前史に関し資料が最も充実しているからである．次に他の諸例についても，涅槃の場合と同様の議論の構造があることを検証する．最後に以上の諸例をもとに，認識に先行して法が存在することの根拠と，それを論証者が知る手段について衆賢がどのように理解していたかを推測する．

### 2.2.2 涅槃の存在根拠

初期経典以来，涅槃（nirvāṇa）は，煩悩と生存の抑止という，仏教の目的を表現する概念として用いられた．そして涅槃が仏教の目的とみなされたのは，有部アビダルマ文献においても同様である．ただし，有部においては輪廻と解脱が諸法の相互関係として説明されるため，涅槃も法の一種に数え上げられた．*9．有部の諸法分類によれば，涅槃は無為（asaṃskṛta）法の一種に位置づけられる「択滅（pratisaṃkhyānirodha）」と同義とされる*10．『倶舎論』に記された有部毘婆沙師の定説によれば，択滅とは「有漏の諸法からの離繫（visaṃyoga）」（AKBh E 4, 12）であり，「苦などの聖諦の考察（pratisaṃkhyāna）が択〔，つまり〕特殊な慧（prajñāviṣeśa）であって，それによって得られる抑止（nirodha）」（同 4, 12–14）のことであるという*11．

この涅槃（択滅）の存在様態について，諸派の間で意見の対立があったことを，有部諸論書は記録している*12．それによれば，有部カシミール毘婆沙師は，涅槃を有為法と違い時間軸上に出現することはないものの実体（dravya）として存在する法だと考えた．こ

*9 初期経典における涅槃については，水野［1997b］，藤田［1988］，吉元［1985］参照．このほか，特に有部の涅槃に関する先行研究は，一色［2009］の参考文献表参照．なお涅槃の存在様態に関する議論は，パーリ上座部の註釈文献にも見いだされるが，本書は有部の論師衆賢の思想基盤をあつかうものであるため，ここでは言及しない．パーリ上座部における議論の概要については，Collins［1998: 161–185］，浪花［2008: 186–196］を参照．

*10 涅槃と択滅が同義であることについては，『旧婆沙』（T 28, 123a15），『新婆沙』（T 27, 163a25），『入阿毘達磨論』（T 28, 988c17–18），『順正理論』（T 29, 332b14–16）などを参照．涅槃と択滅が同義であることは，『倶舎論』「界品」および「根品」において明言されないものの，同論「業品」（Pr 216, 22–23）において三帰依に関連して涅槃が択滅と言い換えられる例がある．

*11 無為には択滅のほか，非択滅（apratisaṃkhyānirodha）と虚空（ākāśa）という二法も分類される．この両者の性質については『倶舎論』（E 4,8–5,20）および拙論（一色［2009: 39］）参照．

*12 これに関説する代表的な研究として，加藤［1988: 21–23, 297–303］を挙げることができよう．

れに対し経量部（譬喩者）の諸論師は，涅槃を五蘊の滅のような法の消滅状態であって，実体としては存在しないものと考えた．彼らの間の涅槃の存在様態に関する論争は，婆沙論，『成実論』，『倶舎論』，『順正理論』といった諸論書に記述されている．

この中，特に『成実論』，『倶舎論』，『順正理論』[*13]では，涅槃が論書読者たちに認識不可能であっても存在するか否かについて一貫して論じられ，徐々に議論が蓄積されているさまを看取しうる．それゆえ『順正理論』における衆賢の主張の特色は，先行する二論書における議論の蓄積を踏まえることでより明確になる．したがって以下では，『順正理論』の記述の検討に先立ち，『成実論』，『倶舎論』に見られる論争の要点を整理したい[*14]．

### 『成実論』

『成実論』では「五智品」（T 32, 368c–369b）において涅槃（「泥洹」）の実有が論じられる．「五智品」の主題は，その章題のとおり五種の智を解説することであるが，五智の一つである涅槃の智（「泥洹智」）を解説する際に，その観察対象である涅槃の存在のあり方が問題となる．『成実論』は涅槃を実有とする立場を前主張に挙げ，それを批判することによって涅槃を諸法の滅とみなす後主張を示す．前主張，後主張ともに，その議論は論点を列挙するばかりであり文脈に不明な点が残るものの，両主張における涅槃の存在のあり方とその根拠の大要は次のように整理できよう．

前主張によれば，涅槃が実有であるとは有為の諸法と同様に存在することである．前主張は九の論点を挙げるが，その中の五点は共通して，涅槃と同義とされる無為や滅諦などといった概念が，実有である有為法と仏説において並列されることを指摘する．一例を上げると，「滅諦を涅槃と名づける．苦諦などは実有であるのであるから，涅槃も実有であるはずである．」[*15]つまり涅槃（滅諦）は，実有であると認められる苦諦などの有為法と仏説において並列される以上，涅槃と有為法は性質の違いはあっても同じ意味で，すなわち実有として存在すると考えられていた[*16]．

---

[*13] 『新婆沙』（T 27,161a9–12）には，「譬喩者」が択滅・非択滅の両者を「非實有體」としたことのみが記録されている，しかし同論からはその議論の詳細についての情報は得られない．

[*14] 言うまでもなく，涅槃の実有をめぐる論争においては，涅槃の認識可能性以外にも多様な論点が議論の俎上に昇る．しかし，文の繁多を避けるため，論述の趣旨と関係しない論点についてここでは割愛した．有部諸論書を中心とした三種の無為法の実有／非実有論争を概観については，一色[2009]参照．

なお本書第 2.2.2 節は，上記拙論の涅槃（択滅無為）に関する部分にもとづく．ただし上記拙論は，先に述べたように，三種の無為法の存在様態に関する諸論書の態度を概観することを主題とする単行論文であり，衆賢思想を俯瞰的視野からとらえることを試みる本書とは関心が異なる．そのため，ここでは必要箇所を抽出して論述を再構成するとともに，大幅に補訂した．

[*15] 「滅諦名泥洹．苦等諸諦實有故，泥洹亦應實有．」（『成実論』T 32, 368c15–16）

[*16] 本文で紹介したものに続く四論点は，有為と無為を対比して説く経典を列挙するのみなので省略する．

そしてこのように涅槃が実有である根拠は，仏あるいは修行者の認識にあったと考えられる．まず先述した五論点において仏説の記述によって涅槃の実有を論じうるためには，仏説が真実を表現しているということ，そして仏は自身が語った内容について知っていたことが議論の前提になければならない．つまり，仏説にもとづき涅槃が実有であるという主張は，仏は実有である涅槃を観察した，ということが含意されていることになる*17．さらに前主張が挙げる残りの四論点は，経典において涅槃が非存在であると説かれたことはなく，それを非存在とするのは反論者の想定に過ぎないこと（一点）*18，経典において修行者に涅槃を対象とする「滅智」，「證」，「如實知」（＝「眞智」）が説かれるが，それらの対象が無ではありえないこと（三点）*19である．この中で前者は仏説を根拠とする以上，最終的には仏の認識に依拠しているものと考えてよいだろう．また後者は，涅槃を観察するに至った修行者の認識を根拠としていることになる．要するに，前主張が掲げる九論点はいずれも，涅槃が実有であることの根拠を仏あるいは修行者の認識に置いていた．

一方，後主張によれば，涅槃は実有の法ではなく有為法の消滅状態だという．後主張の議論は，実有ならざる涅槃のあり方を示す前半部分（『成実論』T 32, 368c27–369a19）と，実有ならざる涅槃が認識と言語との対象たりうることを説明する後半部分（同 369a19–27）とに分けることができる．前半部分によれば，涅槃は諸蘊の滅（同 368c27–29），相の非存在（同 369a1–3），諸行の滅（同 369a3–9），苦が滅し他の苦が生じないこと（同 369a9–14），すでに生じた愛が滅しいまだ生じていないものが生じないこと（同 369a14–16），五蘊という法の無（同 369a16–19）であるという．これらの表現はいずれも，涅槃が五蘊などの有為法とは根本的に異なった，それら有為法の終極そのものであることを示す．

しかしながら後主張は，涅槃を，認識対象にさえならないような，いささかも限定されない完全な非存在一般と考えていたわけではない．むしろ涅槃について，実有の法ではないとしても認識されないわけではなく，存在すると言われないこともないと主張していた．このことをよく説明するのが，後主張の後半部分（『成実論』T 32, 369a19–27）で二度用いられる，木の切断の譬喩である．つまり，「切断」という法が存在していないとし

---

『成実論』（T 32, 368c17–23）参照．

*17 飛田 [2011] は，『識身足論』にみられる，仏によって説かれているから過去未来は存在する，という論点を研究し，仏説の妥当性の根拠が仏のありのままの知を根拠とすると考えられていたことを，明快に示した．ここでは『識身足論』に関する飛田氏の理解を敷衍して，『成実論』を解釈した．

*18 「又諸經中無有定説泥洹無法．故知汝自憶想分別，謂：「無泥洹.」」（『成実論』T 32, 368c26–27）

*19 「又泥洹中智名滅智．若無法，云何生智.」（『成実論』T 32, 368c16–17）
「又經中説：「滅應證.」若無法何所證．又佛於『多性經』中説：「智者如實知有爲性及無爲性.」無爲性即是泥洹，以眞智知云何言無.」（同 368c23–26）

ても木の切断が認識されるように，涅槃に対しても滅智が生じ[20]，木の切断が存在するのと同じ仕方で涅槃も存在する[21]という．要するに涅槃は，それ自体が実体として存在しないとしても，五蘊などの有為法の生滅状態として認識され，「存在」していると考えられていた．

後主張は，自説を積極的に支持する経典を提示するとともに，前主張の論理的欠陥を指摘し，自説を根拠づけるが，そこで挙げられる論拠から涅槃の把捉が認識主体によって異なっていることを示す，興味深い記述を見出すことができる．というのも後主張は，仏が涅槃を何らかの実体的存在としてではなく，あるものの滅あるいは無として語った教証を複数列挙する（『成実論』T 32, 369a1–14）．つまり仏が涅槃を滅として語ったからこそ実有でないというわけだが，そもそも先述のとおり，仏の教説を証拠とするためには，仏が真実を捉え，それを語ったという前提がなければならない．したがって後主張も，涅槃を諸法の消滅状態と考えつつも，前主張と同じく仏が滅としての涅槃を正しく認識したことを認めていたことになる．一方で後主張は，前主張の論理的欠陥を指摘する際に論証者の認識に言及し，涅槃を実有の法とみなすための要件が欠如していることを指摘する．前節で述べたように，法はその自己同一性を保証する固有の性質（svabhāva，「自性」）を保つものと考えられた．したがって涅槃も実有の法であるならば，何らかの固有の性質があるはずである．にもかかわらず，後主張が繰り返し強調するところでは[22]，涅槃実有論者であっても涅槃の固有の性質を説明しえないという．つまり後主張は，一方で仏は涅槃を観察したという前提を保持しつつ，他方で涅槃実有論争を行う論証者の視点に立ち，涅槃の自性を確定できず，したがってその実有を論証するための根拠を示しえないことを主張している．

ここで前主張と後主張を比較すると，涅槃の存在のあり方を実有の法とするか，有為法の消滅状態とするかで両者は異なるものの，涅槃を対象とする認識に関して次の二点の合意があったことを知ることができる．第一は，仏あるいは修行者は涅槃を認識する，という点である．無論そこで認識される涅槃のあり方は前主張と後主張で異なっているものの，すくなくとも涅槃が仏などに認識されるという点は共通して認められる．第二は，論証者は涅槃が何かを語りえない，ということである．たしかに論証者の認識を論点として提出するのは後主張に限られてはいる．しかし前主張も涅槃を実有としながらその固有の

---

[20] 「汝言：「有滅智」者，亦無所妨．如於斷樹等中智生，亦無別有斷法．」（『成実論』T 32, 369a19–21）

[21] 「非無泥洹，但無實法．若無泥洹則，常處生死永無脱期．如有瓶壞樹斷，但非實有別法．」（『成実論』T 32,369a23–25）

[22] 「又若有泥洹，應説其體何者是耶．」（『成実論』T 32, 368c29–369a1）
「又亦更無別有盡法．但已生愛滅，未生，不生，爾時名盡．更有何法説名「盡」耶．實不可説．」（同 369a14–16）

性質に言及していない点に鑑みると，『成実論』が著された当時の状況において，涅槃実有論者であっても涅槃の固有の性質を確定できない，と考えられていたことが推測されよう．要するに『成実論』作者の周囲では，仏などは涅槃を認識するのに対し，論証者はその本質を語りえない，とみなされていた．

『成実論』の議論は前主張の後に後主張を示すことで終了しており，そこで述べられる内容は上で紹介した以上のものではない．『倶舎論』，『順正理論』では，法体系との整合性を問う様々な論点が附加されるとともに，『成実論』でみられた涅槃の認識に関する仏と論証者の相違が掘り下げて論じられる．

### 『倶舎論』

『倶舎論』「界品」（E 4, 11–5, 3）において世親は，択滅（pratisaṃkhyānirodha ＝涅槃）を有漏の諸法からの離繫（visaṃyoga）という法とみなす毘婆沙師説を紹介する．しかし「根品」（Pr 91, 24–94, 15）では択滅（涅槃）を再度議論の俎上に乗せ，それが実有であることを批判した．

『倶舎論』「根品」で涅槃の実有が検討されるとき，まず問題となるのは択滅（涅槃）の自性であった．この『倶舎論』の議論からは，世親と対論者である毘婆沙師との両者の間にあった涅槃の認識に関する前提を読み取ることができる．以下に関連箇所を引用する．なお理解の便を図るため，想定される話者を【　】に附記した．

> 【世親】atha ko 'yaṃ visaṃyogo nāma /
> 【毘婆沙師】nanu coktaṃ prāk “pratisaṃkhyānirodha” iti /
> 【世親】tadānīṃ “pratisaṃkhyānirodhaḥ katamo yo visaṃyoga” ity uktam idānīṃ visaṃyogaḥ katamaḥ / yaḥ pratisaṃkhyānirodha ity ucyate / tad idam itaretarāśrayaṃ vyākhyānam asamarthaṃ tatsvabhāvadyotane / tasmād anyathā tatsvabhāvo vaktavyaḥ /
> 【毘婆沙師】āryair eva tatsvabhāvaḥ pratyātmavedyaḥ / etāvat tu śakyate vaktuṃ nityaṃ kuśalaṃ cāsti dravyāntaram / tad visaṃyogaś cocyate pratisaṃkhyānirodhaś ceti /（AKBh Pr 91,24–92,3）
>
> 【訳】【世親】ではこの離繫というものは何か．
> 【毘婆沙師】前に択滅と言ったではないか．
> 【世親】その時は「択滅とは何か，離繫である」と言われた．今は「離繫とは何か，択滅である」と言われている．まさにこれは相互依存的な説明であるので，それ

（離繋と択滅）の固有の性質を説明することができない．それゆえに別の仕方でそれの固有の性質が述べられるべきである．

【毘婆沙師】それの固有の性質は，聖者たちのみが各自で知りうるものである．しかしながら「常住であり，善である別の実体が存在する，それは離繋とも呼ばれ，択滅とも呼ばれる」という，このかぎりのことは言える．

ここではまず，離繋と呼ばれる無為法の実体が問題となる．『倶舎論』では，ある法の性質が他の法の否定として表現される場合，固有の性質を積極的に示す定義が求められることがしばしばある*23．ここで世親が離繋の実体を問題とするのは，離繋というだけでは他の法の否定に過ぎず，固有の性質が十分定義されていないと考えたからであろう．しかしこの問題に関する毘婆沙師の回答は離繋を択滅と，択滅を離繋として規定するものであった．世親はそれを「相互依存的な説明」に過ぎないと断じ，対論者に涅槃の固有の性質の特定を求める．そこで毘婆沙師は，択滅が聖者たちによって個別に証得されるものである，いうなればそれ以外の者には固有の性質を直接言明することはできない，と弁明する．

この議論から窺われるのは，択滅（＝涅槃）を認識しうる者としえない者に関する，世親の理解である．聖者とは，無漏法を獲得した修行者を指し*24修行段階としては四聖諦を現観（abhisamaya）する見道を経た者を言う．したがってこの毘婆沙師の解説は，仏を含む一定レベル以上の修行者によって択滅は認識されるものの，論証者はそれを語ることができない，という意味だと理解してよい．なお世親はここで毘婆沙師の理解に反論を加えていない．したがって択滅の認識が可能な主体と論証者の能力に関し，世親も毘婆沙師と同様の前提を共有していたと考えてよいだろう．したがって『倶舎論』述作当時の世親の周辺でも，択滅は仏などによって認識されるものの，論証者はその固有の本質を語りえない，という『成実論』と同様の理解がとられていた．

『成実論』と共通の前提のもとで想定問答を行う毘婆沙師と世親は，それぞれ『成実論』の前主張，後主張に近い立場を取る．論証者に認識されえなくとも涅槃は実有であるという毘婆沙師は，『成実論』の前主張に近い立場であると言ってよいだろう．これに対し世親は，経量部による無為法の解釈を支持する．経量部によれば，無為法は色，受などのように別個の存在ではないので実体ではなく，択滅は「生じた随眠及び生が滅したときに，

---

*23 たとえば無明（avidyā）については同論「世品」（Pr 142, 3–8），大煩悩地法については同論「根品」（Pr 53, 10ff.）参照．

*24 『倶舎論』（Pr 157, 16–17）参照．

択の力によって別のものが生じないこと」[*25]であった．つまり経量部説は『成実論』後主張に近い立場であったと言える．

毘婆沙師と世親との論争は，このように『成実論』の前主張と後主張との論争に近似するものではあるが，議論がより深められている点を各所に指摘できる．本節の主題である涅槃の認識に関しては，世親が毘婆沙師説への批判を行うなかで（AKBh Pr 93, 15–94, 10），論証者に認識できないことを認識手段（pramāṇa）との関連から論じる点が注目に値する．該当箇所を以下に引用する．

> abhūtaṃ tu parikalpitaṃ syāt / kiṃ kāraṇam / na hi tasya rūpavedanādivat svabhāva upalabhyate na cāpi cakṣurādivat karma /（AKBh Pr 93, 16–18）
>
> 【訳】〔毘婆沙師のように無為を実有と考えるならば,〕一方で存在しないものが想定されることになるであろう．何ゆえか．なぜならばそれ（無為）は色，受などのように固有の性質が認識されず，また眼などのようにはたらきが〔認識されない〕からである．

この引用文における世親の意図を知るには，『倶舎論』の他の記述を合わせて考える必要がある．まず『倶舎論』において世親は，直接知（pratyakṣa），推論（anumāna），信頼すべき人の伝承（āptāgama）という三種の認識手段を認めていたことが知られている[*26]．そして同論「破我品」冒頭（L 34–37）において世親は，我（ātman）が色などのように直接知によって知られず，また眼などのように結果にもとづく推論によって知られないことを根拠として，我が実体として存在することを否定している．これらの記述を勘案すれば，世親がここでいう「それ（無為）は色，受などのように固有の性質が認識されず」とは，無為が認識手段たる直接知によって認識されないことを，「眼などのようにはたらきが〔認識されない〕」とはそれが推論によって認識されないことを意味すると解釈できる[*27]．

世親がここで認識手段という概念を導入する理由は，『成実論』との比較から説明できよう．無為を知る認識手段が存在しないとは，『成実論』にみられたような論点，つまり無為は論証者が固有の性質を説明できないからこそ存在しないという主張を敷衍したものであることは明らかである．ただし単に自性を確定できないのではなく，それを知るための認識手段が存在しないという世親の主張には，涅槃が認識不可能であることが特定の認

---

*25 “utpannānuśayajanmanirodhaḥ pratisaṃkhyābalenānyasyānutpādaḥ”（AKBh Pr 92, 5–6）なお，“utpannānuśayajanmanirodhaḥ” は，AKVy（W 219, 3）を参考に “utpannānuśayajanma-nirodhe” と読み，訳出した．

*26 『倶舎論』（Pr 76, 20–23）．桂［2012: 6］など参照．

*27 AKVy（W 221, 5–6）も同様に解釈する．

識者の問題ではなく，一般的事実として認めなければならないという意図が込められているだろう．したがって世親は，涅槃の実有／非実有を論じるいかなる論証者も，それを妥当な手段によって認識しえない，と主張していることになる．

世親のように無為が認識手段によって認識されないので非存在であるというならば，『成実論』の前主張が挙げる，仏が無為の一種である涅槃を「存在する」と語った例が，翻って問題となるだろう．この問題に関する世親の理解を知るには，以下に引用する議論が参考になる．この議論は，経量部の解釈を採用する場合における，「有為であれ無為であれ，あらゆる諸法の中で離欲が最上と言われる*28」という仏説に対する解釈の一部である．以下に該当箇所を引用する．

> na vai nāsty evāsaṃskṛtam iti brūmaḥ / etat tu tad īdṛśaṃ yathāsmābhir uktam / tadyathā asti śabdasya prāg abhāvo 'sti paścād abhāva ity ucyate / atha ca punar nābhāvo bhāvaḥ sidhyati / evam asaṃskṛtam api draṣṭavyam /（AKBh Pr 93, 5–7）

> たしかに，無為はまったく存在しない，と私たちは決して言っているのではないが，ほかならぬそれは私たちが前に言ったとおり〔に存在しているの〕である．つまり，以前に声の非存在が存在し，以後に〔声の〕非存在が〔存在する〕，とは言われるが，しかしこのとき〔過去未来の声の非存在が存在するというものの〕，さらに非存在という存在が成立するのではない．無為もこのように知られるべきである．

世親によれば，煩悩あるいは生まれの不生起という涅槃は「存在する」，と仏が言うとき，それは涅槃という名称で名指される何らかのものが存在することを意味しない．そうではなくて，我々が「以前に声の非存在が存在する」という場合，「存在する」という語を過去と未来における非存在である声に対して適用しているように，仏も非存在である涅槃に「存在する」という語を適用しているという．なお衆賢は『順正理論』において，世親がここでいう非存在の「存在」は実有仮有の二有に該当せず（T 29, 431b17–19），日常言語（「世俗言説」）にいう「存在」である（同 431b17–19）と解釈している．この衆賢の解釈を参考にすれば，世親は実有仮有という有部の教義学における存在の分類ではなく，日常言語における「存在」という語の用法に引き寄せて，経典に説かれる涅槃の「存在」を解釈したことになるだろう*29．

---

*28　“ye kecid dharmāḥ saṃskṛtā vāsaṃskṛtā vā virāgas teṣām agra ākhyāte”（AKBh Pr 93, 4–5）

*29　譬喩者あるいは経量部が一種の世俗主義に立ち，教理解釈において世俗的言説を重視していたことについては，Cox［1995: 38］，Park［2014: 83–89］参照．

以上を総合すると，涅槃の認識について『倶舎論』が置かれていた思想状況と世親の立場とは次のようにまとめることができる．まず『倶舎論』における涅槃の実有論争にあらわれる毘婆沙師と経量部の間には，仏などは涅槃を認識可能であるものの，論証者はその本質を語ることができない，という点で合意があった．これは『成実論』の前主張と後主張との間で見られたのと同じ通念である．そして経量部の立場に立った世親は，涅槃が実有でないことを論証するため，論証者がそれを語りえないという論点を補強した．つまり涅槃が直接知と推論という認識手段によっても捉えられないということで涅槃の認識が不可能であることに正当性を付与し，自性を判別できない以上，涅槃が実有の法として存在しないことを強調しようとした．その一方で仏が発した涅槃が「存在」するという語は，日常言語において「非存在が存在する」というような，存在という語に可能な用法の一つであるとした．換言すれば世親の議論は，論証者とは隔絶した仏の認識を用いることなく，論証者の認識において完結するかたちで涅槃の存在のあり方を論じるものであったと言ってよい．

**『順正理論』**

『順正理論』において衆賢は，涅槃を実有とする毘婆沙師の立場を採用する．そして多数の論点を提出して自説を補強するとともに，経量部の立場をとる世親を猛烈に批判した．特に涅槃の認識に関する認識者間の差異についても，先に引用した『倶舎論』の一節を取り上げて反論している．まず該当箇所を以下に引用する．

> 又言：「涅槃非體可得如色受等．非用可得如眼耳等．」此實應然．涅槃實非如色受等及眼耳等體用可得．然有異彼．體用可知色等有爲依自相續，體用麁顯，易可了知．然彼涅槃不依相續，體用微隱，難可了知．要具精勤勝觀行者修所成慧正現前時，方證涅槃真實體用．從觀出已，唱如是言：「奇哉，涅槃．滅・靜・妙・離．」非諸盲者不了青黄謂：「明眼人亦不見色．」（『順正理論』T 29, 432b6–13）
>
> 【訳】また〔経主世親は〕「涅槃について実体は色，受などのように捉えられない．〔涅槃について〕はたらきは眼・耳などのように捉えられない」と言う．これはたしかに正しいとすべきである．涅槃はたしかに，色，受などおよび眼，耳などのように実体とはたらきが捉えられるものではない．しかしながら〔涅槃には〕それら（色，眼など）との相違がある．実体とはたらきが認識可能な色などの有為は，自らの相続に依拠しており，実体とはたらきが粗大で明白であり，了解されやすい．しかしながら，涅槃は相続に依拠しておらず，実体とはたらきが微細で隠れており，

> 了解されがたい．精勤を備えているすぐれた観法の行者の修所成慧が現前しているときになってはじめて，涅槃の真実の実体とはたらきを証得する．観法から出て，「涅槃は素晴らしい．〔涅槃は〕滅，静，妙，離である」と唱える．〔このような観法の行者の発言は,〕諸々の盲人が青色・黄色を了解できないで，「眼が見える人も色を見ない」と言う〔ようなもの〕ではない．

まずこの一節において，涅槃について二種の認識者が対比的に述べられていることを確認したい．『順正理論』の用語によれば，精勤を備えているすぐれた観法の行者が修所成慧を現前するときに，涅槃の真の姿を証得するという．『順正理論』の修行道によると，四念住を修めた修行者は，さらに八随次第観と呼ばれる観法を修行する中ではじめて四諦十六行相全体についての聞・思所成慧を得て（T 29, 677c–678a），その後に修所成慧であって総縁共相法念住とされる四善根位（煖・頂・忍・世第一法）に至り十六行相を観察する（同 678aff.）[*30]．したがって滅諦である涅槃を三昧（修）においてはじめて直観するのは，四善根位の行者であるということになろう．ただし，その後に無漏慧を獲得する見道をむかえ（同 683a），見道においてはじめて，四聖諦に関する打ち破りがたい決定的見解を得る（「於諸諦理初得難毀決定見」）とも言われている（同 683b）．したがって衆賢がここでいう涅槃を観察する行者とは，四善根位以上の修行者あるいは見道以上の聖者を指すものと考えられよう．そしてこのような一定以上の修行者のみ涅槃を認識しうるということは，換言すればそれ以下の修行段階にある者は涅槃を認識しえないことを意味する．そして『順正理論』の読者である論証者がその涅槃を完全に認識しえない者に含まれることは，文脈上明らかである．したがって，仏などは涅槃を認識しうるが論証者はそれを語れない，あるいは認識しえないという『成実論』,『倶舎論』であらわれた構図をここにも見出すことができる．

しかし『順正理論』の議論には，『成実論』,『倶舎論』にない特徴がある．衆賢によれば，涅槃は相続に依拠しない，つまり時間軸上にあらわれて連続するものでないという点で，色あるいは眼などと異なっており，それゆえその実体あるいは作用を認識することが困難である．そのため，ある段階を超えた修行者であってはじめてそれを認識可能であるという．そして涅槃を認識不可能な論証者を視覚障害者に喩える表現が暗示するのは，彼によって涅槃が認識されないとしても，それは涅槃が非存在であることを意味しないということだろう．つまり衆賢は，論証者の認識力を涅槃を認識しえない限定的なものと位置づけ，それとは別に涅槃を認識しうる卓越した認識力を持った修行者が存在することを認

*30　『順正理論』の総縁共相法念住について，田中［2019］を参照．

める．そして後者の認識こそが，涅槃が存在することの根拠たりうると主張する．『成実論』の前主張および後主張，『倶舎論』の毘婆沙師も二種の認識者を認めるものの，『順正理論』のように修行者の認識力が論証者のそれに卓越するとは明言しない．したがって『順正理論』の特徴は，この共通する構図のもとで語られる二種の認識者の上下関係にあると言ってよい．

ある段階以上の修行者のみが涅槃を正しく認識しうる，という衆賢の理解は，涅槃が存在する根拠をそれら修行者の権威に帰すものである．この論理を推すならば，究極的には仏のような涅槃を認識する修行者が認識し，語るとおりに，涅槃は存在することになるだろう．実際に衆賢は，仏の涅槃に関する言説を解釈し，涅槃が実有であることを導く．たとえば『倶舎論』でも問題となった「有為であれ無為であれ，あらゆる諸法の中で離欲が最上と言われる」という経典の一節を，彼は次のように解釈する．

> 若涅槃都無體者，如何經説：「一切有爲無爲法中此最第一.」如何無體可立法名．如何説無於無中勝．現見諸法有自相者，展轉相望，説：「有勝劣」．未見有説兎角・空花展轉相望，安立勝劣．是故決定別有涅槃．能持自相故名爲法．此於餘法其體殊勝．故涅槃體實有義成．（『順正理論』T 29, 431b3–9）
>
> 【訳】もし涅槃にまったく実体がないならば，どのようにして経典では「すべての有為〔法〕と無為法との中でこれが最上である」と説くのか〔，説けないはずである〕．どのようにして実体のないものに「法」という名称を設定できるのか〔，できないはずである〕．どのようにして無（涅槃）が無（三種の無為）の中で優れていると説くのか〔，説きえないはずである〕．諸法に自相があるならば，相互に比較して「優劣がある」と言うことが現に見られる．〔しかし〕兎角と空花を相互に比較して優劣を設定すると言うことを，いまだ見ない．これゆえに涅槃が別個に存在すると決定する．〔その涅槃について〕自相を保つので法（*svalakṣaṇadhāraṇād dharmaḥ）と名づける．これ（涅槃）は他の法よりもその実体が優れている．したがって涅槃の実体が実有であるということが成立する．

衆賢によれば，相互に比較して優劣を語ることが可能であるのは，自相つまり固有の定義を持つ実有の法だけであって，兎の角と空花のように実体が存在していないものについては優劣を語ることができない．にもかかわらず仏が「すべての有為法と無為法の中で最上」と涅槃について語っている以上，涅槃は実有であることが成立するという．

したがって衆賢の主張の大要は，次のとおりであると言ってよい．衆賢は，論証者たちにとって涅槃は認識されえないという，『成実論』と『倶舎論』に見られた前提を受け継ぐ．しかし論証者たちが涅槃を認識不可能である理由を，涅槃は時間的に存在せず認識困難であり，論証者はそれを捉えるには認識力が不足しているから，と説明する．そして仏などの修行者を論証者よりも卓越した認識力を持つ者と位置づけ，彼らの認識によって涅槃が存在することが確認されているとした．そして仏が涅槃を語りえていることから，それの存在様態は実有であるにほかならないと考えた．

### 2.2.3 他の認識困難な諸法の例

涅槃は仏などの卓越した認識者の認識を根拠として実有であり，論証者は仏説をもとに涅槃の実有を知ることができる，と衆賢はいう．涅槃という特殊な法に関して衆賢がこう述べることは，仏教思想として一般的な理解の現れと思われるかもしれない．なぜならば一般的にいって，涅槃は開祖シャカムニ仏が示した仏教の目的であり，仏教修行者はたとえ涅槃をいまだ認識していなくとも，それを承認することが求められているからである．

しかしながら衆賢は涅槃にとどまることなく，その他の諸法，つまりは有為法についても同様の議論を展開しており，そこに衆賢の主張を読み取ることができる．以下ではそれらの諸法の例を個々に検討する．

#### 過去未来法

周知のように，説一切有部においては過去現在未来の諸法いずれもが存在するという三世実有説が採用されたものの，それに肯定的な毘婆沙師と批判的な譬喩者（経量部）との間で論争があった．世親は『倶舎論』において過去未来法は存在しないという経量部の立場を採用して三世実有説を批判し，衆賢は毘婆沙師の立場から『順正理論』において世親の批判へ反駁を試みた．その際に衆賢は，〈覚知〉を生じる対象は存在するものだという存在の定義を提示し，過去未来法も〈覚知〉を生じることを根拠に，それらが「存在する」と判断しうることを論証した．このことは第 1.2 節ですでに述べたとおりである．

過去未来が〈覚知〉を生じているという事実は，現代の我々にも否定できないだろう．我々は昨日起こった出来事を想起することもできるし，ある程度これから起こる出来事を予測することもできるからである．しかしながら我々が知ることができる過去未来は，あくまでも記憶と推測にもとづいており，その認識のあり方は現在に対するそれとは異なる．そして過去未来について，記憶違い，見込み違いがあることも，我々がしばしば経験することである．したがって，過去未来は〈覚知〉を生じるので「存在する」と判断できるとしても，「存在する」と判断された過去未来の存在様態は，それらが現在であるときの存在様態と必ずしも一致しないようにも思われる．

世親も同様に『倶舎論』における三世実有説批判において，論証者にとって過去未来の認識が現在のそれとは異なっていることを指摘する．『倶舎論』の三世実有批判には，過去未来は存在しないものの所縁（ālambana，認識対象）として存在する，と述べる部分（Pr 299, 20–25）がある．そもそも毘婆沙師が三世実有説を支持した論拠の一つは，過去未来の認識が成立するためにはその対象たる過去未来法が存在していなければならないと考えたためであった．したがって毘婆沙師と論争し，過去未来を非存在とする世親にとっては，むしろ逆に，過去未来の認識がいかにして成り立つかを説明する必要があった．世親によれば，我々は過去をそれが現在であったときのように想起し，未来をそれが現在となったときのように知（buddhi）によって把捉する．したがって過去未来は「存在する（asti）」という現在時制によってではなく，「存在した（abhūt）」，「存在するだろう（bhaviṣyati）」と過去時制，未来時制によって捉えられる．それゆえ過去未来法は，このような過去時制，未来時制の認識を生む所縁としてのみ「存在する（asti）」．そしてもし過去未来法が現在法と同じように実体として存在しているならば，それらは現在であることになってしまうので，むしろ認識対象となっている過去未来は非存在であるという．つまり世親は我々と同様に，過去未来を想起し，推測する一般的な論証者の視点に立つ．そして彼は，一般的な論証者にとって過去未来に対する認識が現在に対する認識と異なっていることを根拠として，過去未来が現在と同じ意味で，つまり実体として存在することを否定しようとした．

この世親の主張に対し衆賢は三点の反論を述べる．特にその中の第一論点では，過去未来法を通常の認識の対象ではないとする衆賢の理解が示されており，注目に値する．以下に該当箇所を引用する．

> 譬喩師徒情參世俗，所有慧解倶麁淺故．非如是類爾焔稠林可以世間淺智爲量．唯是成就清淨覺者稱境，妙覺所觀境故．若諸世間覺不淨者，要曾領受，方能追憶，因此尋思去來世異．理必應爾．彼於未來由未領納，觀極闇昧．清淨覺者觀於去來，脱未領納，觀極明了．若過未有如成所縁，於杌縁人，於塊縁鴿，豈可彼有如成所縁．故於去來縁異有異．不可彼有如成所縁．有據曾當，縁據現故．（『順正理論』T 29, 628b5–14）

> 【訳】譬喩者の師弟の心情が世俗に寄っているのは，あらゆる智慧と理解が共に粗雑で浅薄であるからである．このような種類の密林の如き知識対象（「爾焔」，*jñeya）について，世間の浅はかな智を認識手段（「量」，tshad ma, *pramāṇa）[31]とするこ

[31] 『倶舎論』安慧釈（TA P tho 281b5–7）に，ここで引用した『順正理論』の一節が要約して引用されて

とはできない．こ〔の過去未来〕は，清浄な〈覚知〉(blo rnam par dag pa) を随伴(「成就」, *samanvāgama) する者によってはかられる対象であるにほかならない．〔過去未来は〕精緻な〈覚知〉によって観察される対象であるからである．諸々の世間の不浄な〈覚知〉〔を持つ者〕ならば，かつて経験したもの (「領受」, *anubhūta) であってはじめて想起することができ，これによって過去世，未来世の相違を探求する．道理は必ずそうであるはずである．彼は，未来についてはいまだ経験していないので観察が極めて蒙昧である．清浄な〈覚知〉〔を持つ〕者は過去未来を観察し，仮にいまだ経験していないとしても*32，観察は極めて明瞭である．もし過去と未来の存在するものが所縁となっているとおりであるならば，枝のない木において人を所縁とし，土塊においてハトを所縁とするとき，それら〔枝のない木，土塊〕の存在するものは〔人，ハトという〕所縁となっているとおりにあるのではないか〔，そのようなことはありえない〕．したがって過去と未来について〔所〕縁と存在するものとは別々である．その存在するものが，所縁となっているとおりに存在していることはありえない．存在するものは過去と未来に依拠し，〔所〕縁は現在に依拠しているからである．

衆賢によれば，過去未来を捉える〈覚知〉には二種ある．第一の世間的な不浄な〈覚知〉は，かつて経験した過去を想起し，経験されていない未来を不確かに観察する．これに対して第二の清浄な〈覚知〉は，すでに経験されているか否かを問わず過去未来法について明晰に観察する．そして清浄な〈覚知〉を持つ者のみが，過去未来法をそのままに認識対象とすることができる．したがって世間的な不浄な〈覚知〉は，過去未来の存在のあり方を知るための認識手段たりえない．たとえば枝のない木において人という所縁を錯覚したとしても，木が人として存在することにはならない．それと同様に，世間的な〈覚知〉によって過去未来法が想起し推測されたとしても，その想起あるいは推測において捉えられたあり方のままに過去未来法が存在しているのではないという．

この二種の〈覚知〉は，論証者の一般的な認識と仏などの卓越した認識とを指すものとみなしてよいだろう．衆賢のいう世間的な不浄な〈覚知〉が，『倶舎論』にいう過去未来を「存在した」,「存在するだろう」と想起し推測する認識に相当することは明らかである．

---

いる．秋本 [1997] 参照．本訳文に挿入したチベット語訳対応語は，この要約文を参考に想定したものである．

*32 ここでは「脱」を仮定を示す接続詞として訳した．しかしながら，秋本 [2019: 66–67] のように離脱の意味で解釈し，「未経験であることを離れている」，つまり一切智によって仏は過去未来のすべてを認識可能になっている，と理解することも可能である．ただし，いずれの解釈を取っても本節の論旨に影響しない．

衆賢はこのような認識を，過去未来法の真実のあり方を捉えない世間的な〈覚知〉とみなす．これに対し清浄な〈覚知〉（「清淨覺」）は，過去未来の真実のあり方を想起と推測によることなく認識する．「清淨覺」という語は，有部アビダルマ論書において上の引用文以外に用例がなく，その意味を確定しがたい．ただし清浄な〈覚知〉に未来を知るという性質があることに注目すれば，仏と不時解脱の阿羅漢が持つ願智（praṇidhijñāna）[*33]とそれを解釈しうるのかもしれない．あるいはそれが汚れのない智，つまり聖者が持つ無漏智を意味する可能性もあるだろう．いずれの可能性にせよ清浄な〈覚知〉とは，経験していない過去未来さえも直接かつ正確に把捉しうる認識であることは確かである．したがってそれを持つ者は，仏などの特別な認識者だけだと考えられていたことを推測できよう．

したがってこの議論においても，世親と衆賢の間に涅槃の場合と同じ意見の対立があったことを看取しうる．世親は，論証者によって過去未来が「存在した」，「存在するだろう」といったあり方で捉えられることを根拠に，過去未来が実体として存在することを否定する．つまり世親は，論証者の認識のみによって完結するように議論を行っていた．これに対し衆賢は，「存在した」，「存在するだろう」という論証者に認識される姿は，錯覚と同様，過去未来の真実の姿ではないという．そして過去未来の真実の姿を捉えうる者として，仏などの卓越した認識者を置く．もちろん過去未来の場合は，衆賢の想定する論証者であってもそれらのごく限られた範囲を不確かに認識し，存在することを判断しうるだろう．しかし論証者の認識は過去未来の真実の姿を捉えておらず，また正確に捉えることが可能な範囲も各人が経験したものに限られる．したがって過去未来についても，それらを真実の姿で捉え，個人の経験に限定されることなく認識し，存在を判断しうるのは，仏などの卓越した認識者のみであった．

### 極微

先行研究によれば[*34]，極微（paramāṇu）論は仏教教理に本来的に存したものではなく，部派仏教のある時期に外教の影響によって導入されたものと考えられている[*35]．この仏教教理への極微論の導入は，教理上の一つの問題を引き起こすこととなった．それ

---

*33　『倶舎論』（Pr 417, 17–418, 6），『順正理論』（T 29, 750b–c）など参照．
なお，『順正理論』の解釈と直接関係しないが，Shiga [2018]は *Tattvasaṃgrahapañjikā* 中の「三時の考察章」の記述をもとに，三世実有説とヨーガ行者の未来知の問題を論じている．それによるとヨーガ行者は，清浄世間智（śuddhalaukikajñāna）で未来を観察するという．

*34　水野[1954]・櫻部[1969: 93–103]参照．

*35　本書第2.2.3節の「極微」部分は，拙論一色[2015b]にもとづく．ただし，この拙論は「和集極微」という語の解釈に焦点を合わせる単行論文であり，衆賢の思想を俯瞰することを試みる本書とは関心を異にしている．そこで今回の論述に必要な内容のみを抽出するとともに，大幅な補訂を加えた．

は，仏教教理にすでに存在していた色法論と極微をどのように関連づけるか，という問題である[*36]．初期経典や先行する部派論書において，色法は四大種と大種所造あるいは蘊処界などの教説において説かれるが，これらの色法についての教説は，いずれも物質をそれが主観に立ち現れたすがたにもとづいて論じている．これに対し，極微とは客観的な物質の本体を探求した結果到達されるものであって，人間の感官知を絶したものとされる．このように色法と極微は観点を異にしており，安易に両者を関連づけることは木に竹を継いだかのような齟齬をきたしかねない．そのため，いかにして感官知を絶した極微が色法として感官知に立ち現れるのか，ということが教理上問題となった．諸論書の記述を総合すれば，この問題に対し論師たちは「単一の極微は知覚されないものの，集合することで感官知を生む」という基本方針を共有していたようである．しかしながら彼らは基本方針を同じくしつつも，毘婆沙師は「極微とは別に実在する集合が感官知の対象である」と説き，経量部の「上座」は「極微の和合という仮有が感官知の対象である」と説くというように，諸論師の間で所説に差異があったことが知られている[*37]．

『順正理論』（T 29, 350c–352a）において衆賢は，経量部の「上座」に対し，反論を試みる．「上座」は，実有の極微ではなく極微の集合という仮有が感官知の対象だと考えた．他方，衆賢自身は，極微単体は感官知の対象とならないものの，和集極微つまり集合状態にある実有の極微一つ一つが感官知の対象となる，と考えていた[*38]

---

[*36] 極微論が仏教教理に導入されたことに対する評価は，諸学者の間で異なっている．水野［1954］，櫻部［1969］は，「混乱」，「不合理」をもたらしたものとして否定的に，福原［1962］は「物質研究の極地」として肯定的に評価している．

[*37] 上杉［1976］，那須円照［1997b］，那須円照［1997a］，兵藤［2005］，兵藤［2006］など参照．

[*38] 衆賢のいう「和集極微」については，本文中で述べた集合状態にある個々の極微とする説（寺石［1992］，Dhammajoti［2009: 243］）と，極微とは別の「青」などとして認識にあらわれる実有の色法とする説（加藤［1973］，兵藤［2006］）があった．筆者は一色［2015b］において，この二解釈のうち前者を採用すべきであることを『順正理論』の記述を元に実証した．

なお上記の拙論執筆の時点で Dhammajoti［2009: 243］，Dhammajoti［2012］がこの問題に解釈を示していることを見落としていた．筆者の調査不足をお詫びする．Dhammajoti 氏は筆者と同じ解釈を結論とするものの，氏の議論は，『順正理論』以外の有部文献と中国法相宗文献の記述に主な根拠を置くものである．その点で上記拙論が『順正理論』そのものの記述によって論証を行ったのと異なる．

また上記拙論と同時期に出版された曹［2014: 148–155］も，「和集極微」の意味を論じているが，筆者とは異なり加藤，兵藤両氏に近い理解を取る．しかしその論拠となった氏の『順正理論』解釈には問題があり，氏の理解は成立しないように思われる．ただし，本章の主題は曹氏の極微論理解を批判することではないため，詳細については別の機会に論じることにし，以下ではごくかいつまんで氏の解釈の問題点を示す．

まず曹氏によれば，「和集極微」とは個々の極微が相互に有機的関係を結んだ状態にある「整体」（曹［2014: 152］）であり，個々の極微を原因として生じている．そしてそれが一個の実有と考えられていた（「因此極微和集是整体性的别有自体的実有的法」）（同 153）という．そしてこの解釈について曹氏が挙げる根拠は，『順正理論』（T 29.533a）で論じられる語表業と「和集極微」との相似である．曹氏によれば，衆賢は，個々の語が集合しそれが縁となって生じた結果が語表業という実有だと考えた．これと

この両者の間で行われた想定問答の中で，極微の存在を裏づける認識のあり方について，次の議論から示唆を得ることができる．『順正理論』において極微が存在することについて対論者から疑義が呈されないため，この議論は，直接的には極微の存在を認識を用いて論証するものではない．しかし極微の認識可能性の問題が論じられており，そこから極微の存在のあり方とその認識に関する衆賢の理解をうかがうことができる．以下に該当箇所を引用する．

> 若執：「極微不可見故，眼識不緣實有爲境」，此執不然．是可見故．而不了者，由彼眼根取境麁故．又彼眼識無分別故．諸有殊勝智慧力者，乃能了別細極微相．如遠近觀錦繡文像．又如先説．先何所説？謂無極微不和集故．既常和集非不可見．（『順正理論』T 29, 351a29–b6）
>
> 【訳】もし〔「上座」の同調者が〕「極微は見ることができないので，眼識は実有である対象を所縁としない」と主張するならば，この主張はそうではない．〔極微は〕見ることができるからである．しかし〔極微を〕識別しないのは，彼の眼根が対象の粗大な〔相〕を把捉しているからである．また，彼の眼識が無分別であるからである．諸々のすぐれた智慧を持つ者たちであってはじめて，微細な極微の相を識別する．たとえば，遠くあるいは近くから錦の刺繍の文様を見るように．また，以前に説いた如くである．以前に何が説かれたのか．すなわち，極微で和集していないものはない．常に和集しているのであるからには，見ることができないのではないのである．

この議論では，極微がそのままの姿で論証者の視覚に現れることがない，という事実を認める点で「上座」側の対論者と衆賢とは見解を一にする．しかし極微が視覚に現れない，という事実をもとに両者は対称的な結論を導き出す．「上座」側の対論者は，視覚の対象は仮有たる集合であって実有の極微ではないという．これに対し衆賢は，たとえ視覚

---

同様に「和集極微」も，個々の極微が集合した結果として成立する実有であり，「和集」の「集」とは「縁（＝極微）によって生じたもの」の意味であるという．

しかしながらこの根拠は，『順正理論』の解釈として妥当とは思われない．というのもこの理解によれば，語と語表業は因と果の関係にある以上，それぞれ別の実有ということになるだろう（ある法がそれ自体の因にならないことについては『順正理論』（T 29, 417a24–b2）参照）．しかし語と語表業を別の実有とする理解は，衆賢の次の主張と明確に矛盾する．「我亦不許：離實語聲別有一物名爲語表．」（同533a2–3）（【訳】私は「実体である語を離れて別に一つのものが存在し，語表と名づけられる」とも認めない．）したがって語と語表業とに因果関係があるという曹氏の理解は成立せず，それゆえに「和集極微」の解釈の論拠にならないだろう．なお曹氏は，自著で後に上記の一句を引用するが（曹［2014: 175–176］），語と語表が別の実体ではない，という部分について考察を加えていない．

に集合状態が現れているとしても，視覚の対象はあくまで実有の極微であるという[*39].

衆賢はおそらく，本書第1.3節であつかった二諦説同様，すべての認識は最終的に究極的対象（paramārtha，勝義）たる実体（dravya）に依拠するという前提をおいて，この結論を導いたのであろう．しかし衆賢のように主張するためには，極微が存在していながら視覚に現れない理由，および視覚に現れないとしてもそこに極微の存在を判断しうる理由が必要となる．衆賢によれば，前者の理由は論証者の視覚の識別力の限界で説明される．つまり論証者の眼根はいわば分解能が低く，極微という微細なものを認識できない．他方，視覚に現れないとしても極微の存在を判断しうる理由は，「すぐれた智慧を持つ者」の認識と刺繍の譬喩とによって説明される．つまり遠くで刺繍を見ると刺繍の文様が一体の絵となって見えるが，近づくと刺繍を構成する糸の一本一本が判別できるように[*40]，論証者の眼識では「青」などのすがたしか捉えられないとしても，「すぐれた智慧を持つ者」は同じ対象について極微を識別する．そして彼に極微が認識されるからこそ，極微は論証者によって認識されずとも，存在していることが裏づけられる．

「すぐれた智慧を持つ者」が具体的に指す人物像を衆賢は説明しておらず，その詳細は明らかでない．ただし三昧に入ったものが身体を極微と刹那とに至るまで分析するとき，身念住（kāyasmṛtyupasthāna）が完成したものとする，という記述が『倶舎論』（Pr 341, 13–14）に見られることを参考にすれば，身念住完成者がここでいう極微の観察者であると解釈しうるかもしれない．あるいは，仏のみを指す，という解釈も可能である．『順正理論』「弁縁起品」[*41]には，極微はそれ以上分析できない最小の物質であり，その大きさはただ仏のみが知る．律蔵に極微の大きさを説明するのは，あくまでアランニャを設定するための比喩表現である，という記述がある．この記述によれば，極微を完全に観察しうる者はただ仏のみ，と衆賢は考えたことになるだろう．いずれにせよ，ここでいう「すぐれ

[*39] 『順正理論』（T 29, 418c29–a3）によれば，原因の定義（「因相」）とは「甲があるとき乙がある」といった縁起の定型句を満たすことである．極微はそのままで眼識に現れずとも，それが対象としてある時のみ眼識があり，なければ眼識もないのであるから，眼識の原因（所縁縁）たりうる，とみなされていたのだろう．

なお衆賢は，「見る」とは，眼識という原因があることで眼根が起こすはたらきだと理解していた（一色［2012: 78–80］参照）．

[*40] 刺繍の譬喩の解釈について，高橋晃一先生からご教示をいただいた．

もう一つの選択肢として，この譬喩には，遠くから刺繍を見ると模様が判然とせず混然とした色彩が見えるだけであるが，近づくことによってその同じ刺繍の微細な文様を見ることができる，という解釈を与えることもできる．ただし，いずれの解釈にせよ，すぐれた智慧を持つ者が正しい姿を認識するという趣旨であることは変わらない．

[*41] 「論曰：以勝覺慧分析諸色至一極微．故一極微爲色極少．不可析故．【中略】論曰：一極微量亦可喩顯，唯佛乃知．故亦不説．然爲安立阿練若處故，毘奈耶但作是説：「七極微集名一微」等．極微爲初，【中略】八倶盧舍爲一踰繕那．」」（『順正理論』T 29, 521b20–522a4）

た智慧を持つ者」が，議論に関わっている論証者たち以上の認識力を持った，ある段階以上の修行者を表すことは疑いない．したがって衆賢は，ここでも論証者の認識力を限定するとともに，より卓越した認識力を持つ仏などを極微の認識者として位置づける．

**名身・句身・文身**

有部の法体系においては，名身（nāmakāya）・句身（padakāya）・文身（vyañjanakāya）という言語の意味を伝える心不相応行法が，音声と別に存在すると考えられた[*42]．この有部説は，婆沙論にみられる譬喩者，『成実論』作者，世親，「上座」などによって批判されたことが諸論書に記録されている[*43]．この中で世親や「上座」は，名句文身は色法の一種である音声（śabda）を本質とし，それとは別の法ではないと考えた．

『順正理論』（T 29, 415a6–8）の引用によれば，「上座」が名句文身が存在しないという理由の一つは，世間の人が名句文身の存在を意識することなく，言葉を発していることであったという．衆賢はこの上座の批判に対し，世間の人には名句文身を区別することがなくとも，それを対象として認識していると反論する．そして，世間の人が法を弁別していなくとも，それにもとづいた認識をしている諸例を挙げた後，以下のように言う．

> 如是非無了名等覺能覺了義，但由名等覺相微細，故不能知．雖不定心不能分別：「此是聲覺」，「此名等覺」，「此是義覺」，而實非無．故於審諦觀察諸法差別相時，世間麁心所起言説未足爲證．且諸世間於自覺慧所行境界亦不能知．故佛世尊如實開演：「諸有執我等隨觀見，一切唯於五取蘊起．」如是世間於麁淺事若不聞説，尚未能了．況於深細心不相應行蘊所攝名句文身，不因開示而能解了．（『順正理論』T 29, 415a15–24）
>
> 【訳】同様に，名などの〈覚知〉を了解することによって〔語の〕対象を了解することが無いわけではないが，ただ名などの〈覚知〉のあり方が微細であるので，〔世間の人は名の〈覚知〉などを区別して〕知ることができない．三昧状態にない心は「これは音声の〈覚知〉だ」，「これは名などの〈覚知〉だ」，「これは〔語の〕対象の〈覚知〉だ」と区別することができないが，〔音声，名，対象が〕実際に存在しないのではない．したがって詳細に諸法の差別相を観察する場合において，世間のあらい心に起きる言説は論拠とするに不十分である．そもそも諸々の世間の人は自らの覚慧の活動領域である境界についても知ることができない．したがって仏世尊は

*42 水田［1977］，上杉［1979］，Cox［1995: 159–171］など参照．

*43 加藤［1989: 303–309］参照．

「みな我に執着して観察し，見るが，〔彼らの〕すべてはただこの五蘊に対して〔我という知を〕起こす*44」とありのままに披瀝した．このように世間の人は粗雑で浅薄な事柄についてさえも，〔仏〕説を聞かなければ了解することができない．ましてや深く微細な心不相応行蘊に包摂される名句文身については，〔仏の〕開示によっても理解しない．

衆賢によれば，音声の〈覚知〉，名の〈覚知〉，語の対象の〈覚知〉を区別しうるのは，三昧状態にある心だけであるという．これに対し世間の人は，たとえば自分自身についてさえも，仏の教説を聞かなければ，それが我（*ātman）ではないということを理解しない．ましてや心不相応行法である名句文身については，たとえ仏説を聞いたとしても，それらを区別して認識しないという．

この一節からも，これまでと同様の二種の認識者の対比を読み取ることができよう．衆賢によれば，三昧に入った者のみが，名身の〈覚知〉を音声の〈覚知〉および語の対象の〈覚知〉から区別しうる．名句文身を説いたという仏も，この三昧に入った者に含まれるのだろう．このような卓越した認識者の認識こそが，名句文身が実有であることの根拠となる．これに対し三昧に入っていない者，特に世間の者は，名句文身が存在すると仏に聞いた後でも，それを識別することができない．したがって彼らは劣った認識力しか持たず，その認識とそれにもとづく言説は根拠たりえない．つまりここでは，仏説こそが名句文身の存在根拠であること，さらに論証者はたとえ自身が認識しえていないとしても，仏説をもとに名句文身の存在を確信すべきであることが，衆賢によって暗に主張されていることになろう．

三昧状態にない心あるいは三昧状態にある心が具体的にどの修行段階の心を指すのか，あるいは論証者（論書読者）が一般的にそのような心を持っていると衆賢は考えていたのかについて，詳細は目下明らかでない．したがって，衆賢が名句文身をすべての論証者によって認識されえないものと考えていたか否かを，この引用文から判断することはできない．しかしいずれにせよ，読者一般にとって名句文身は認識可能な法だと考えられていなかった，とは言えるだろう*45．

*44　第 1.4.3 節註*99 参照．

*45　ADV（J 86, 1–7）によると，心不相応行法が世間あるいはヴェーダにおいて説かれないことは，それらが存在しないという論拠にならない．というのも，心不相応行法は一切智者たる仏の認識対象であり，無礙解（pratisaṃvid）を得た者にとって認識可能であるからである．弥勒などの菩薩も，アビダルマに通じていないためそれらを認識できないという．三友［2007: 378–379］参照．

### 心所

心所（cetanā, caitasika）は，心所有法とも呼ばれるように，心（citta）と相応して存在する様々な精神作用である．有部論書においては，心を対象の識別を行う識（vijñāna）と同義とみなす一方で，心とは別の法として心所が存在すると考えられた．心所の数は論書によって様々であるが，一例として有部の法体系として知られる五位七十五法*46をみると，生起条件によって大地法（mahābhūmika）などに区別された 46 心所が数えられている．一方で，心所法は心と別に存在しない，と考えた論師たちが存在したことが知られている*47．具体的には，『新婆沙』に記録される覚天と譬喩者，『成実論』作者，そして『順正理論』に記録される「上座」と譬喩者などである．

『順正理論』「弁差別品」において衆賢は，「上座」が主張したという大地法の中で三心所のみを実有とする説を批判する（T 29, 384b–391a）のに加えて，心と心所は別のものでないという立場をとる譬喩者にも反論する（同 395a–396b）．後者の譬喩者は，心心所が別異でないと考える論拠の第一として，心と同義とされる識（識別作用）と心所の一種である想（表象作用）との差異が識別されない点を指摘する．彼の主張は，いかなる行相が想にのみあり，識にはないのかを突きつめて考察しても，結局両者の間に見出しうる差異は名称の違いだけであって，実体の相違はいまだかつて認識されたことがない，したがって心（＝識）のみが存在し，想などの心所法は存在しないというものであった*48．これに対し衆賢は，以下のように反論する．

> 心心所法共一境轉，生住滅等分位是同，善不善等性類無異．體相差別實難了知，非諸劣智能生勝解．故契經言：「心心所法展轉相應．若受若想若思若識如是等法和雜不離，不可施設差別之相.」故應於此發起正勤，求生勝解了差別相，諸契經中處處說：「有受想思等識俱生」．故不可由不得一類別相便總撥一切聖教真理．（『順正理論』T 29, 395a19–26）

【訳】心心所法は同一の対象に対して活動し，生住滅などの〔時間的〕段階も同一で

---

*46 ただし『倶舎論』以外の有部論書において，大地法などの心所分類は一切法の体系における心所を分類する概念として用いられていない．このことを筆者は，一色［2015a］において論じた．また五位七十五法という法の体系は，『倶舎論』を解釈する上ではたしかに有効な理解ではあるものの，『倶舎論』そのものにおいて言及されることはない．五位七十五法を『倶舎論』に遡ることの是非については先行研究によって議論が重ねられてきたが，本章の論旨に関係しないためあつかわない．上記拙論脚註 1 参照．

*47 水野［1964: 233–248］，水野［1997a］，加藤［1989: 198–228］，福田［1997］など参照．

*48 「有譬喩者説：「唯有心無別心所．心・想倶時行相差別不可得故．何者行相唯在想有，在識中無？深遠推求，唯聞此二名言差別，曾無體義差別可知.」」（『順正理論』T 29, 395a1–4）

> あり，善不善などの性類にも差異がない．〔それゆえ〕体相の差異はたしかに識別しがたく，〔心と心所が別個に存在することは〕劣った智慧〔を持つ者〕たちが勝解を生じることができるものではない．したがって経典に言う，「心心所法は相互に相応する．あるいは受，あるいは想，あるいは思，あるいは識というこのような法は入り混じっており離れず，差別相を設定することができない」と．したがって〔仏は〕これに対して正勤を起し，〔所化の有情が〕勝解を生じ，〔心心所の〕差別相について了解することを求め，諸々の経典のいたるところで「受，想，思などという，識とともに生じるものがある」と説くのである．したがって，一種類の〔心所の〕個別の特徴を認識できないことを理由に，すべての聖教の真理を否定すべきではない．

衆賢によれば，心と心所とは，その対象と活動する時間と性質とを同じくしているため，論書読者にとって容易には分析しがたいものである．そして仏さえも，心心所が分析困難であることを経典において語っている．しかし心心所が分析しがたいものであるからこそ，仏はそれが心とは別であることを有情に知らしめるために，諸心所が識と同時生起することを繰り返し説いた．それゆえに特定の心所が心と区別されないという一事をもって，仏説で繰り返される心所が存在するという教えのすべてを否定してはならないという．

この引用文においても，これまでの諸例と同様，認識力の劣った者と卓越した者の対比が見られる．まず，心心所の区別を完全に認識し教示することが可能な仏と，心心所を自力では認識することが不可能な「劣った智慧〔を持つ者〕たち」が対比されていることは明らかである．そしてさらに，「劣った智慧〔を持つ者〕たち」のために仏が心心所を別体と説いた，という衆賢の理解には，認識力の劣った者は仏説を学ぶことを通して心心所の差異を知ることを期待されている，という意図が込められているだろう．

衆賢がどのような者によって心心所は識別可能と考えていたのかは確定しがたい．彼は心心所の差異が識別困難であるとは言うものの，涅槃のように識別不可能であるとは述べていないからである．加えて彼は，上に引用した部分の直後（『順正理論』T 29, 359a26ff.）では理証教証にもとづき想と識とは分析可能であるという．したがって，論書読者の一部は心心所の差異を認識可能だと考えられていたのかもしれない．そうであっても読者一般が心心所を識別しうることはないという点は，名句文身の場合と同じである．

### 2.2.4　仏説による法の存在の確定

以上で検討した涅槃，過去未来法，極微，名句文身，心心所はいずれも，それにふさわしい認識力を持つ者のみによって他から識別され，その本質が観察される法だと考えられていた．衆賢の解説を見る限り，たしかにこれらの諸法は，それぞれの認識の難易度とそれを捉えるのに必要な認識力の程度とが異なる．そのため，過去未来と極微のように，究極的には仏かそれに類する者にのみ認識可能なものもあれば，名句文身と心心所のように，教説を聞くことで一部の論証者も認識可能と思われるものもあった．しかしそれぞれの法の認識難易度を度外視して諸例の共通性に注目するならば，衆賢が次の二点を一貫して主張していることを看取しうる．

第一は，これらの認識困難な諸法が存在することの確証である．上で考察した衆賢の議論はいずれも，世親あるいは「上座」などが，涅槃などの諸法は一般人に認識されない，と主張したことに対する反論であった．衆賢は世親らの反論に対し，一般人の認識力を劣ったものと位置づけ，それに対し仏などの卓越した認識者の認識こそが論拠とされるべきと主張する．つまり一般的な人は，生起したものしか経験せず，過去未来は記憶と推測の範囲内でしか知らず，一定の大きさを持った物体のみを見て，言葉を聞くとそこに意味を理解し，自身の心的経験は渾然一体としている．たとえそうであっても，彼の私的な経験世界の背後には，卓越した認識力を持つ仏などによってこそ確認されうる涅槃などが，存在している．換言すれば，認識困難な諸法は，仏などの一部の者にしか認識されずとも，彼らの認識を確証とする普遍的事実として存在していると考えられた．

第二は，認識力に劣る者が認識しえない法の存在を知る手段である．涅槃の議論については，仏などの修行者がそれをそれとして語っていることが実有の根拠とされ，名句文身，心心所は卓越した認識者の発言を受け入れることによってそれら諸法が識別可能となることが示唆されていた．ただし極微と認識力に劣る者によっては経験されえない過去未来法[*49]とについては，仏などの発言によって存在することを知る，という議論の構造は今回引用した文の中に見出されない．しかしそうであっても，論証者一般が，認識しえないそれらの存在を知るためには，認識しえた者からの伝聞以外に術がないであろう．したがって認識力に劣る者は，仏などの教説を聞くことによって認識しえない諸法が存在する

---

[*49] 『倶舎論』,『順正理論』などに見られる三世実有説の教証の一つに，仏が過去未来の存在を説いている，というものがあることは周知のとおりである（櫻部[1952: 46–50]等参照）．したがって過去未来法が存在することを知る際に，仏説が関与しないと衆賢が考えていたことはないだろう．ただし本文で取り上げた引用文に限れば，仏などが捉える過去未来の存在を，その他の者が想起と推測を用いることなく仏説によって知る，という議論は行われていない．

ことを承認する，あるいは自身も識別可能になる，と考えられていた．

以上を総合すれば，衆賢にとって涅槃などの認識しえない諸法が存在することは，卓越した認識力を持つ修行者の認識によって，究極的には仏の認識によって予め確証づけられ，教説によって与えられた事実であったことになるだろう．

本節で考察した諸法はいずれも，世親らと衆賢との間で論争になった，論証者に認識されないながらも存在するという特殊な法であった．しかしながらその他の法についても，衆賢は同様の理解を取っていたものと思われる．このことを，先に名句文身の議論で引用した『順正理論』の一節がよく表している．再度関連部分の和訳のみを引用する．

> そもそも諸々の世間の人は自らの覚慧の活動領域である境界についても知ることができない．したがって仏世尊は「みな我に執着して観察し，見るが，〔彼らの〕すべてはただこの五蘊に対して〔我という知を〕起こす」とありのままに披瀝した．このように世間の人は粗雑で浅薄な事柄についてさえも，〔仏〕説を聞かなければ了解することができない．ましてや深く微細な心不相応行蘊に包摂される名句文身については，〔仏の〕開示によっても理解しない．(『順正理論』T 29, 415a19–24, 和訳)

衆賢によれば世間の人の認識にはただ我のみが現れる．しかし世間の人が我と思っている認識対象も実は五蘊であり，そのことはすでに仏説によって確立している．そうであっても世間の人は独力ではそれを五蘊と知ることがなく，我と認識してしまうものであって，仏説を聞いてはじめて我だと思っていたものを五蘊と知るという．この衆賢の解説にも，世間の人が正しく認識する以前に認識対象が五蘊と確定していること，そして世間の人は仏説によってそれをそうと知ることが述べられている．五蘊が有為法の同義語とされること*50に鑑みれば，衆賢は法一般の存在さえも，仏の認識によって確定され仏説によって与えられる事実，と捉えていた可能性が高い．

ここで第 2.2.1 節において提起した問題に立ち返って考察したい．衆賢の考える存在認識過程は，〈覚知〉に先行して勝義たる法が存在することを前提とする．そのため〈覚知〉に先行して法が存在することにいかなる根拠があるのかが，『順正理論』解釈上の問題となった．そこで認識に先行する諸法の例を吟味し，衆賢は諸法の存在を論証者の認識以前に，仏の認識によって確定された事実とみなしていたらしい，という結論を得た．そしてこの結論からは，〈覚知〉に先行して法が存在する根拠を推測することができる．つまり〈覚知〉の対象が本来的に法であることは仏の認識によって確定しており，そのことを仏

*50 『順正理論』(T 29, 332c3–13) など参照．

説によって知ることができる，と衆賢は考えていたと思われる．したがって〈覚知〉による法の存在判断とは，論証者独自の認識力による新発見というよりも，むしろ仏によって認識され，仏説によって伝えられた真実の再確認であったことになろう．

本節の結論を，本章冒頭で整理した法の存在を認識する過程に組み込むと，以下のように図示できる．

勝義として存在する法 X　→　固有の性質の〈覚知〉　→　法 X が「存在する」と判断
↑
仏智・仏説による裏づけ

## 2.3　仏説の権威の論証

### 2.3.1　衆賢論書における権威論証の思想史的背景

衆賢は，論書読者（論証者）を認識力の劣った，法の自性を独力では観察しえない者とし，一方で仏などをより卓越した認識者と位置づける．そして論証者によって認識されえない諸法の存在は，仏などの認識によって確定されており，仏などの教説にしたがうことで論証者もそれら諸法の存在を知ることが可能だと考えた．これを換言すれば，法が実有である根拠は究極的には仏説の権威に帰されることを意味する．本章の主題である法が存在する根拠をさらに探求するためには，なぜ仏説に権威があると衆賢が考えたかを考察する必要があろう[*51]．

仏説に権威があることは，信仰を確立した仏弟子たちには自明かもしれない．しかしいまだ信仰を確立しえていない未熟な仏弟子や仏の権威を認めない非仏教徒にしてみれば，仏説の権威は自明なものではなく，疑いと批判の対象ともなる．未熟な弟子に確信を与え，外部からの批判を論駁するために，仏教ではしばしば仏説とそれを説いた仏との権威を論証することが試みられた．特にバラモン教正統思想との交流が繁くなったインド後期仏教においては，ダルマキールティが *Pramāṇavārttika* の Pramāṇasiddhi 章において仏が pramāṇa たることの論証を試み，その後の仏教論理学派の諸論師に議論の伝統が引き

[*51] 筆者は，一色[2016]において『顕宗論』「序品」における一切智者論証の構造を論じた．本章第 2.3.1, 2.3.2 節は，上記拙論にもとづく．ただし上記の拙論は一切智者論証の構造解明に焦点をあわせた単行論文であり，衆賢思想を俯瞰することを目的とする本書とは関心を異にする．そのため本書に収録するに際し，論述を補訂した．三友健容博士古稀記念論文集刊行会の庄司史生先生には，この拙論を博士論文および本書に収録することをお許しくださったことにつき，感謝申し上げる．

継がれたこと，またクマーリラなどの仏教外部の学匠との間で激しい論争が繰り広げられたことが知られている*52.

これに対し，有部論書において仏説の権威に関する論証は，ほぼ見出されない．たしかに有部論書においても，仏の認識力の卓越性と教説の無謬性は言及される．たとえば帰敬偈を持つ有部論書の多くでは*53，仏を一切智者（sarvajña，すべてを知る者）と位置づける．また仏には固有の十八の性質（十八不共法，十力，四無畏，三念住，大悲を指す）が備わると考えられていたが，その諸性質は仏の超人的な認識力と，彼が有情の救済者たることを表したものである*54．このように様々な仏の特性が語られるのに対し，仏にそのような特性が備わっていることそのものを論証する記述は，ほぼすべての有部論書に見出されない.

有部論書において，この種の論証がほぼ見られない理由は明らかでない．想像するに，その理由は有部論書が想定する読者層に求めることができるかもしれない．『新婆沙』（T 27, 2a1–11）によれば，アビダルマ論書の想定読者は，善根が成熟し解脱を獲得しうる段階に至った者であるという．解脱を獲得しうる段階まで修行が進んだ者は，当然ながら仏に対する信仰を持っているだろう．彼らにとって，仏が超人的な救済者であることを改めて立証する必要はなかったのかもしれない.

ともかくも多くの有部論書が仏説の権威に関する論証を欠く中で，例外的に衆賢論書ではその論証が行われている．具体的には『顕宗論』「序品」において仏が一切智者であることの論証が，『順正理論』「業品」冒頭において仏説が至教量（*āptāgama）であること

---

*52 ダルマキールティによる仏が pramāṇa であることの論証に関しては，STEINKELLNER [1982]，稲見 [1986]，稲見 [1988]，服部 [1991]，岩田 [2000]，岩田 [2001]，特に仏の一切智者性については，若原 [1985]，川崎 [1992]，ANĀLAYO [2006]，護山 [2012]，MORIYAMA [2014: 11–26] を参照．また非仏教徒であるミーマーンサー学派との仏の一切智者性をめぐる議論に関しては，SOLOMON [1962]，片岡 [2003]，KATAOKA [2003] を参照.

*53 『婆須蜜論』（T 28, 721b），『心論経』（T 28, 833c–834a），『雑心論』（T 28, 870c），『入阿毘達磨論』（T 28, 980b; P Thu 393a3–6），『顕宗論』（T 29, 777a），ADV（Li 376）．なお，『倶舎論』（Pr 1, 4–20; E 1, 4–2, 6）では一切智という語を用いないものの，世尊がすべての無知（ajñāna）を滅していることが説かれる（『順正理論』を含む倶舎論諸註釈については省略）．また『鞞婆沙』（T 28, 416a），『旧婆沙』（T 28, 1b），『新婆沙』（T 27, 1a）は，帰敬偈ではないものの，冒頭箇所で教説の権威を仏の一切智に帰している.

有部論書における一切智思想に関しては，川崎 [1981]，川崎 [1992: 81–99]，室寺 [2009]，佐々木宣祐 [2011]，佐々木宣祐 [2013] を参照.

*54 『旧婆沙』（T 28, 120a–121b），『新婆沙』（T 27, 156c–160c），『雑心論』（T 28, 921a–922c），『倶舎論』（Pr 411, 8–415, 10），『順正理論』（T 29, 746a–749c），『顕宗論』（T 29, 955a–957c）．また，『心論』（T 28, 822c–823a），『心論経』（T 28, 855b–c），『甘露味論』（T 28, 974c）には十力と四無畏が解説される.

の論証が見られる．衆賢が先行する有部文献に見られない*55論証を行った理由は，定かではない．ただし前節までの考察を顧みると，彼の思想体系の正当性は仏説の権威に大きく依存するものであったため，その権威を補強するためにあえてそれを挿入したのかもしれない．

衆賢の意図は置き，仏説の権威に関する彼の理解を知るために，これら二つの論証が貴重な資料であることは確かである．そこで以下では，これら二論証を分析することで彼が仏の権威を何に求めようとしていたかを考察する．おそらく仏説の権威論証研究の文脈において衆賢が注目されていなかったためであろう，彼の二論証に言及する先行研究は，管見によればほとんど存在しない*56．そのため議論に際して，まず論証に該当する箇所全体を引用し，彼の議論の論理的構造について解説を加えた．

### 2.3.2 『顕宗論』「序品」中の一切智者論証

『顕宗論』第一章「序品」（T 29, 777a–778c）は，『倶舎論』「界品」に相当する「弁本事品」の前に置かれ，題目が示すように『顕宗論』全体の序章と位置づけられている．同論「序品」は三部分から構成される．まず（1）衆賢自身による『顕宗論』帰敬偈が述べられる（同 777a）．次に（2）仏が一切智者であることを知る論証（以下，この論証を特に「一切智者性論証」と呼ぶ）*57がなされる（同 777a–b）．そして最後に（3）仏の一切智者

---

*55 有部以外の文献に視野を広げても，先行研究（註*52）によれば，衆賢と同趣旨の論証を行った仏教徒は，ディグナーガによる仏教論理学成立以前にいまだ知られていないようである．

*56 Hyoung Seok Ham 氏は，ミシガン大学に提出した博士論文（Ham [2016]）において『順正理論』「弁業品」を研究対象に含め，その一部で仏説の至教量論証もあつかっている．管見によれば，これは筆者以外で同論証をあつかった唯一の研究である．この論文は筆者の博士論文と同年のものであるため，その存在を筆者が知りえたのは，自身が学位を授与された後であった．

ただ，Ham 氏と筆者の博士論文はともに『順正理論』における仏説の至教量論証に言及しているものの，研究テーマの相違により焦点の所在が異なっている．Ham 氏の博士論文は，全体としては『中観心論』ミーマーンサー章の供犠に関する論争を論じるものであるため，本書であつかわなかった『順正理論』中のミーマーンサー説やヴェーダの常住性批判などへ詳細な分析を加え，仏の至教量論証については約半ページほど（同論文 46）で紹介するに留めている．これに対し筆者の博士論文は衆賢の思想構造に関心を置くため，仏の至教量論証に詳細な分析を加える一方，ミーマーンサー説やヴェーダの常住性批判についてほとんど論じていない．つまり Ham 氏と筆者の博士論文は，『順正理論』「弁業品」冒頭の研究として見るとき，それぞれ独立した価値を保ち，偶然にも相補的関係にある．したがって，筆者が博士論文で行った仏説の至教量論証に関する訳註と分析にも，今なお出版される意義があると判断し，本書第 2.3.3 節に掲載した．

*57 仏が一切智者であることを知る論証は，クマーリラの批判を論駁するためにダルマキールティ以後の仏教論理学者によってしばしば行われたことが知られている（護山 [2012] 等参照）．他方，それ以前の同趣旨の論証の例としては，『智度論』（405 年訳出，T 25, 73b–74b）の議論を目下筆者は指摘しうるのみである（川崎 [1992: 104–105] 参照）．

性を批判する九の論点[*58]に対する反駁が述べられる（同 777b–778c）.

以下では衆賢が積極的に仏の一切智者性を論証する（2）一切智者性論証に着目し，衆賢の論証の構造を論じる．はじめに一切智者性論証の位置づけを検討することで，その論証を方向づける問題設定について明らかにする．その後，当該論証の論理を分析し，その論理に暗黙の前提があることを指摘する．最後に，衆賢による一切智者性論証の前提にある彼の一切智者理解について，特に一切智者性と有情救済の関係を中心に論述する．

### 一切智者性論証の位置づけ

衆賢が行う一切智者性論証の位置づけは，ここで論証される仏が一切智を持つことの意味と，論証を行う主体として設定されている人物を確認することで明らかになる．

『顕宗論』「序品」の帰敬偈冒頭（T 29, 777a8-10）において衆賢は，仏を一切智者と宣言する．衆賢は『顕宗論』「序品」において仏が持つ「一切智」の意味を議論しないものの，『顕宗論』および同著者による『順正理論』全体を見渡すと，彼の「一切智」に関する次の理解を得ることができる．まず『順正理論』「弁智品」（T 29, 747c11–14）における仏十力（仏に固有の十の智）の解説中で，仏は一切智を備えており工作技術（「工論」）などについても自在を得ているという説明がある．また『順正理論』「弁本事品」（T 29, 329a）および『顕宗論』同品（T 29, 778c–779a）において，仏は不染無知（*akliṣṭam ajñānam, 汚れていない無知）を断つことによって一切智あるいは一切種智を獲得したとされる．不染無知は，『順正理論』「弁縁起品」（『順正理論』T 29, 501c23–502a3）の解説によれば，諸法の「味・勢・熟・徳・数・量・処・時・同・異等[*59]」についてありのままに知らないことであって，自相共相（存在するものの個別相と共通相）についての愚かさである染汚無知（煩悩としての汚れた無知）と区別される．そして，染汚無知が三乗の解脱者いずれによっても断たれるのに対し，不染無知は仏によってのみ断たれるという．要するに，不染無知とは本人の解脱に直接関係しない無知であり，したがってそれを断つことで得られる仏の一切（種）智とは本人の解脱を直接もたらさない智さえも包摂するものであった．以上の記述によれば，衆賢のいう仏の一切智者性とは，解脱のための修行とその説示に直接必要か否かを問わず，文字通りすべてを知る智を仏が持つことであったと考えられる．

附言すれば，衆賢は一切智と一切種智がともに仏智を意味するものとしている．『順正

なお，一色［2016］および博士論文では，仏が一切智者であることを知る論証を「一切智者確認論証」と称していたが，本書では崔境眞氏のご教示により「一切智者性論証」と改めた．

*58　この九論点の多くは，諸論書で伝統的に見られる仏の一切智に対する論難と対応する．川崎［1992: 59–79; 101–136］および『成実論』（T 32, 241c–242a）参照．

*59　『光記』（T 41, 6a）は，諸法の「味」などの意味を解説している．

理論』と『顕宗論』の「弁本事品」上記箇所において，『顕宗論』では「一切智」と表現される仏智が，『順正理論』対応箇所では説明をほぼ同じくして「一切種智」と表現されている．先行研究によれば，有部論書内外に一切智を声聞独覚の智，一切種智を仏の智と区別する事例が知られているものの[60]，この「弁本事品」の用例によれば，同様の分類を衆賢論書に適用する必要はないだろう．そのためここでは，一切智と一切種智という衆賢の用語上の差異を考慮しない．

他方，一切智者性論証を行う主体は，「非遍智」と設定されている（『顕宗論』T 29, 777a18–19）．「非遍智」および対義語の「遍智」は有部論書中での用例が少なく，意味を確定することは難しい．可能性としては，一切を知っていない者，あるいは離繋と同義でもある「遍知（parijñā）」を得ていない者と解釈しうるかもしれない[61]．いずれにせよ，「非遍智」は仏に智力が劣る者を指すことは相違ない．そしてここで問題となる仏の智が一切智である以上，「非遍智」とは非一切智者，具体的には次節でみるように仏教の修行者と考えて問題無いだろう．

以上をまとめると，衆賢が説く一切智者性論証は，仏がすべてを知る者であることを，すべてを知りえない仏教修行者が論証するために行うものであった．したがってこの論証は，論証者が仏の一切智を追体験することによって検証する，という直接知にもとづいたものではありえない．むしろ，論証者に認識可能なものの中から仏の一切智者性を導出可能な根拠を探し，それにもとづき推論するものでなければならないことになる．

### 当該論証の論理とその前提

では，衆賢は仏の一切智者性をどのように論証するのか．以下に該当箇所を引用する．

> 論曰：既非遍智，云何能知：此佛世尊是一切智，能於諸法最極難知自共相中覺，無邪亂？
> 雖非遍知，而亦能知．如佛教行定得果故．如有智者善鑒良醫．如世有醫先審病者風・熱・淡等所起疾源，復如實觀性・習二體年時處等種種不同，爲欲蠲除説授方藥．諸有患者能順服行，痼疾漸除，身安日益．智者尋驗，知：「實良醫於諸方藥具淨遍

[60] 『新婆沙』（T 27, 383a），『智度論』（T 25, 258c–259b. 川崎［1992: 113–117］参照）など．ただし，『順正理論』「弁智品」（T 29, 749c）の記述によれば，仏の性質としての一切智（*sarvatrajñāna）と一切種智（*sarvathājñāna）の差異を，衆賢も認めていないわけではなかったようである．

[61] 「遍智」の用例は少なく，それが実際に一切智を意味する用例を，玄奘訳アビダルマ論書中で見出すことができない．ただし，「遍知」が一切智の意味で用いられる用例として，「此等因果諸差別相，非一切智無能遍知」（『顕宗論』T 29, 821c23–24）を挙げることができるだろう．

他方，玄奘訳『倶舎論』（T 29 34b6-8. Pr 92, 20–22 に対応）には「遍智」が parijñāta の訳語として使用される例がある．parijñā（＝遍知）が離繋であることについては『倶舎論』（AKBh 322, 6）参照．

智.」如是世尊知所化者貪瞋癡等煩惱病源，復如實觀本性・修集二善種子・勝解・隨眠・及彼堪能自圓滿等，爲欲令彼暫永滅故，説授伏除二道方藥．諸所化者能順服行若別若通對治道藥；無始數習增盛堅牢諸煩惱病漸漸除遣，貪等滅得於自身中隨道淺深，倍倍增勝．由斯仰測知：「我大師滅一切冥，具一切智.」（『顕宗論』T 29, 777a18–b3）

【訳】論にいう.〔私たちは〕遍智者でないからには，どのようにして，この仏世尊が一切智者であり，諸法の最も知りがたい自相共相について覚ることができ，誤り混乱することがない，と知ることができるのか.
非遍智者であっても，〔仏が一切智者であると〕知ることができる．仏の教えのように修行するならば必ず果報を得るのであるから．例えば，知恵のある者が名医をよく見分けるようなものである．たとえば，世間にある医者がおり，まず病人の風・熱・痰[*62]などという現れている病の源を詳しく調べ，また，〔病人の〕本性と習慣の両者と，年齢・時・場所などの種々の相違をありのままに観察し，〔病を〕取り除こうとするために，治療と薬を教え授ける．すべての患者は〔薬を〕飲み〔治療を〕行うことを受け入れられるならば，持病が徐々に除かれ，身体の安楽さは日毎に益す．智者は効果を調べ，「実にこの名医は諸々の治療と薬について明晰にすべてを知っている」と知る．同様に世尊は教化対象者の貪瞋痴などの煩悩という病の源を知り，また〔教化対象者の〕本性〔的な善の種子〕と修行で集めた善の種子の両者と，勝解，随眠，および彼が自〔利を〕完成させることが可能であるかなどをありのままに観察し，彼に〔煩悩を〕段階的に永滅させようとするために，〔煩悩を〕取り除く二つの道という治療法と薬を説き授ける．教化対象者たちは個別のあるいは共通の対治道という薬を飲み〔治療を〕行うことを受け入れられるならば，始まりのない反復経験によって増大し堅牢になった諸煩悩という病が次第に除去され，貪などの滅の獲得が自身の中で，道の深浅に応じて，ますます増大する．これによって〔仏世尊を〕仰ぎ見て推し測り，「私の大師はすべての闇を滅し，一切智を備えている」と知るのである.

衆賢の論証は具体例こそ詳細に述べられているものの，推論の過程については表現が簡潔であるあまり，そのままでは理解しがたい点も多い．そこで喩例に注目して推論の過程を明確にしたい．喩例によると，まず医者の適切な医療行為が原因となって患者の病気の治癒という結果が生じる．患者は，自身に経験された病気の治癒という結果から推論し，

[*62] 大正蔵では「淡」．ここでは大正蔵に註記される諸本の読みを採用.

医者に完全な医療知識があることを知るという．衆賢は，医者の医療行為と完全な医療知識との関係を明確に述べていないものの，医療行為の原因に完全な医療知識を置いていたことは文脈から明らかである．つまりこの喩例では，病気の治癒という患者に経験された事実を根拠として因果関係を遡及し，その最終的な原因である医者の完全な医療知識が推論されている．

この喩例を踏まえると，一切智者性論証は次のように整理することができよう．仏は有情を観察したのち適切な修行法を教示するという救済活動を行い，有情は教示されたとおりに修行した結果として煩悩の段階的な滅尽を経験する．有情は煩悩の段階的滅尽を根拠として因果関係を遡及し，その最終的な原因と想定される仏の一切智者性を推論するのである．したがってこの論証は，仏の一切智者性，仏の教示による救済活動，有情の煩悩の段階的滅尽という三項目からなり，それら三者には因果関係と推論の順序という二通りの関係があると述べられているものと判断できる．この論証を図示すると次のようになろう．

因果関係

| 原因 | → | 結果：原因 | → | 結果 |
|---|---|---|---|---|
| 仏の一切智者性 | | 仏の教示による救済活動 | | 有情の煩悩の段階的滅尽 |
| 帰結 | ← | 根拠：帰結 | ← | 根拠 |

推論の順序

この論証において論証者は，自身の経験から仏が教示によって救済する者であることを確証し，それをもとに仏が一切智者であることを推論する．したがって仏の救済と一切智者性とに関して，ある者が教示によって救済を行うならばその者は一切智者である，という条件関係がこの推論の中で用いられていることになるだろう．上記の引用文中では，たしかにこの条件関係は明言されていない．しかし『顕宗論』「序品」に続く「弁本事品」第一偈註釈部分において，「〔仏は〕一切智者であり，有情を〔輪廻から〕抜き出し救うことができる（此即一切智，能抜濟有情）」（T 29, 778c29）のに対し，「声聞と独覚は，【中略】一切智を備えておらず，有情を〔輪廻から〕抜き出すことができない（聲聞獨覺【中略】非具一切智，不能抜有情）」（T 29, 779a3–5）と述べられている[*63]．つまり，一切智者で

[*63] 「弁本事品」第一偈は，玄奘訳文の比較から『倶舎論』「界品」第一偈（E 1, 4–7）と同文と考えられる．当該偈において仏は「一切における一切のありかたの闇を滅し，泥のごとき輪廻から生類を抜き出すところの（yaḥ sarvathāsarvahatāndhakāraḥ saṃsārapaṅkāj jagad ujjahāra）」，「ありのままに教示する方（yathārthaśāstṛ）」と位置づけられるため，『倶舎論』でも仏は一切（種）智者であり教示によって救済する者とみなされていたと考えられる．しかし『倶舎論』の当該箇所では，一切（種）智という語が

ないなら救済者でないのであるから，救済者であるならば一切智者である，という条件関係がここでは含意されていると言ってよい．したがって一切智者性論証においても，この条件関係が衆賢の念頭にあったものと判断できる．

ここで論証の位置づけを勘案するならば，この条件関係は，当該論証だけからは理解することができない暗黙の前提にもとづいていることを看取しうる．当該論証を行う論証者には，一切智者ではなく，単に煩悩の段階的滅尽を経験したに過ぎない一修行者が想定されていた．したがって彼は自身の経験した煩悩の段階的滅尽を根拠として，仏がその方法を教示した救済者であると推論することはできるだろう．しかし論証者は一切智者でない以上，彼が仏の救済活動から知りうるのは，仏が論証者の煩悩を滅するために必要な限りの智を持つことのみであって，すべてについての智を持つことではないはずである．衆賢に習って医者の喩えを用いるならば，病気が治った患者は治療にあたった医者がその病気を治すのに必要な知識を持っていることを推論できるとしても，医者が完全な医療知識を持つことまでは分からないはずである．にもかかわらず衆賢は，病気の治療からは医者の完全な医療知識を，有情の煩悩の滅尽からは仏の一切智を推論できると考える．彼の論証が妥当であるためには，一切智者でなければ論証者ただ一人さえも救えないことを示す論理が，この論証の前提として準備されていなければならない．

この前提を一切智者性論証のみから読み取ることは難しい．そこで次節では，衆賢論書における仏の一切智者性と有情救済とに関する諸記述を渉猟し，この両者の因果関係を考察することで，一切智者性論証の前提となった衆賢の一切智者理解を明らかにする．

### 一切智者性と救済の因果関係

『顕宗論』「弁本事品」において一切智者性と救済の論理的関係が論じられていることについては，先述したとおりである．これに対し『順正理論』「弁本事品」第一偈註釈では，聖者であっても仏でない声聞独覚が救済者たりえない理由の説明として，一切智者性と救済の因果関係が次のように述べられる．

> 聲聞獨覺雖破諸冥，而猶未能滅一切種，故不成就一切種智．未得所有無知差別不行智故，意樂・隨眠智等闕故，不能如理濟拔有情．(『順正理論』T 29, 329a19–22)

> 【訳】声聞と独覚はもろもろの闇を破壊しているものの，いまだすべての種類〔の闇〕を滅することができず，したがって一切種智を備えていない．あらゆる特定の無知が活動しない智を獲得していないので，〔有情の〕意欲と随眠とについての智

現れず，また一切（種）智と教示による救済の因果関係についても言及されない点で，衆賢論書と異なる．

などが欠如〔し，それ〕ゆえに[*64]，ありのままに〔教示して〕有情を救済することができない．

先に「一切智者性論証の位置づけ」で確認したように，染汚無知のみならず不染無知をも断つことは一切種智獲得の要件であった．したがって引用文中にある「あらゆる特定の無知が活動しない智」は，一切種智と同義であると解釈できる．この解釈によれば，声聞独覚は一切種智を獲得していないことが原因となって有情の意欲と随眠を知ることなどができず，それゆえに救済を行うことができない，という因果関係がこの一節で述べられていると判断できる．逆の言い方をすれば，仏は一切種智を持つことによって有情の意欲と煩悩を知ることができ，その結果として有情救済が可能になる，と述べられていることになる．

これを踏まえて衆賢の一切智者性論証を再検討すると，特に有情の煩悩の観察について対応する記述を見出すことができる．同論証において一切智者が論証者の煩悩を滅する過程は，「世尊は教化対象者の貪瞋痴などの煩悩という病の源を知り」（『顕宗論』T 29, 777a25–26）から開始していた．つまり同論証が述べる一切智者性から有情救済に至る因果連鎖の中には，仏が一切智者であることが原因となって有情の煩悩の根源を観察する，という過程が含まれていることになる．なお衆賢は『順正理論』「弁随眠品」（T 29, 638a–c）において三例の煩悩の生起順序を挙げるが，その発端は我見，愚癡，無明であると言われる．また，次節で考察する『順正理論』「弁業品」（T 29, 531a–b）における仏語が至教量（* āptāgama）であることの論証では，煩悩の滅をさまたげる原因に我見を置いている．いずれにせよ，ある特定の種類の煩悩が有情の煩悩の根源とされていると言ってよい．したがって一切智者性論証において一切智者が行う，有情の煩悩の根源についての観察とは，広義に取れば有情の煩悩の観察であることになるだろう．

そして有情の煩悩の観察は仏の一切智によってのみ可能であり，声聞独覚には不可能である，と衆賢は考えていたようである．このことは，無礙解（pratisaṃvid）に関する彼の解説によって示唆される．無礙解は，教説の理解と説示とに関する知を法・義・詞・弁無礙解という四種にまとめたものである[*65]．無礙解は声聞独覚の阿羅漢にも存在するとされるものの，特に仏の無礙解が卓越したものであることを衆賢は次のように説明する．

聲聞獨覺自分境中智無退故，名無礙解．諸佛世尊於一切法圓滿知故，名無礙解．

---

*64 仏が有情の意欲と随眠などを知った後に教示する，という記述は根本有部律などに定型句として頻出する．平岡 [2002: 183-184] 参照．それを参考に「意樂隨眠智等闕故」を理解した．
なお八尾史氏に，この根本有部律の定型句についてご教示を賜った．ここに謝意を表する．

*65 四無礙解については上杉 [1978]，古坂 [1985] 等を参照．

（『順正理論』T 29, 752a17–19）

【訳】声聞独覚の，自身に関わる対象（「自分境」）についての知は，退転しないので無礙解と名づける．諸仏世尊は一切法について完全に知るので，〔その知は〕無礙解と名づけられる．

この記述を有情の煩悩の観察と関連させると，仏は自身に関わる対象を越えた，教化対象たる他者に関しても無礙解を得ており，正しく洞察し，教示することができるのに対し，声聞独覚は自身に関わる対象に限定された無礙解しか持たないため，有情の煩悩の観察も教示による救済も行いえない，ということになるだろう[*66]．

さらに衆賢は『順正理論』「弁賢聖品」（T 29, 668a–c）において，有情の煩悩の観察が仏の救済活動の要因となることを，一切智者性論証と近似する表現を用いて詳説している．当該箇所は，四聖諦の現観を志向する者が修行を開始する方法を論じる部分にあたる．ここで衆賢は『倶舎論』の註釈を離れ，修行者はまず指導者たる「善友」を求めねばならないことを力説する．その理由は，ここでも先に医療の譬喩を示したのち，次のように説明される．

具悲智尊亦復如是．先觀煩惱重病所逼初欲習業諸弟子衆，「何等本性？爲貪行耶？」廣説乃至「爲雜行耶？」【中略】次應觀察諸對治門，隨其所應授與令學，各令獲益．功不唐捐．（『順正理論』T 29, 668b10–c3）

【訳】悲と智を備えた尊者（＝仏）もまた同様である．まず，煩悩という重病が逼迫している，修行をしようとし始めた弟子たちを〔次のように〕観察する，「〔この弟子の〕本性は何か，貪欲によって活動する者（*rāgacarita）か，乃至，混合した〔煩悩によって〕活動する者か．」【中略】次に諸々の対治門を観察し，彼〔ら〕にふさわしいように〔対治門を〕授け，学ばせ，利益を獲得させる．〔その対治門の〕効力は無駄にならない[*67]．

衆賢によると，仏の対治門の説示は，有情の煩悩による活動などを観察した上でなされるので，適切な効果を発揮する．因果関係の点から言えば，仏が有情の煩悩を観察するこ

*66 『新婆沙』（T 27, 158a）では，仏十力の一つ漏尽智力が声聞独覚の漏尽智よりも卓越したものである理由を三点挙げるが，その中の第二は漏尽智力が自他の漏尽が起こる時を知ること，第三は漏尽智力が他者の特殊な漏尽とその手段を知ることである．ここに示された『新婆沙』の漏尽智力の理解は，仏智のみが教化対象である他者に及ぶことを述べる点で，『順正理論』の無礙解の解説と共通している．

*67 『新婆沙』，『倶舎論』などでも，有情の煩悩による行動に応じて教示がなされたことを，法蘊（dharmaskandha）の数量を論じる際に言及する．Ejima [1989: 27, fn.4]参照．

とは教示による有情の救済を開始するための要因となっている．

これらの記述を総合すると，衆賢論書で示唆される一切智者性と有情救済との因果関係は，次のように描写できる．まず仏はすべてを知る者であるからこそ，自身に関する対象を越えた，他者たる有情が持つ煩悩を観察しうる．そして，その観察に依拠してはじめて，仏が有情ごとに適切な教示を与えるという救済活動が可能となり*68，有情は仏の教示に従うことで煩悩を段階的に滅尽しうる．声聞独覚は解脱者ではあっても，仏と違いその智は自身に関する対象に限定されているため，教化対象の有情の煩悩を十分に観察することができず，それゆえに有情を救済することができない．この因果関係は次のように図示できる．

仏の一切智者性　→　有情の煩悩の観察　→　教示による救済活動　→　有情の煩悩の段階的滅尽

以上の考察によれば，『顕宗論』「序品」における仏の一切智者性論証の大要は次のようなものであった．衆賢論書には，すべてを知る者のみが教化対象たる有情の煩悩を知り，適切な救済を開始することができる，という一切智者理解がみられる．この一切智者理解は，衆賢が論証に用いた「一切智者のみが救済者である」あるいは「救済者ならば，一切智者である」という条件関係に反映されている．一方で仏の教説に従った場合に煩悩の段階的滅尽が起きることが，論証者に経験可能な根拠として提示される．論証者は，煩悩の段階的滅尽を経験することで，仏の救済活動が実現されていること，つまり仏が救済者であることを知る．そして上記の条件関係によって，救済者たる仏が一切智者であることを論証者は導出可能であるという．つまり衆賢は，有情の煩悩の段階的滅尽を論証者に経験されうるものと位置づけ，それを根拠とすることで仏の一切智者性を論証しようとした．

### 2.3.3　『順正理論』「弁業品」中の至教量論証

『順正理論』「弁業品」冒頭（T 29, 529a–531a）では，『倶舎論』「業品」第一偈にある一節「世間の多様性は業から生じる（karmajaṃ lokavaicitryam）」（Pr 192, 4）に対し長文の註釈が加えられる*69．その註釈中では，仏教的な業報観を批判する者たちへの反駁が試みられている．

その批判者の一人として「悪因論者」（『順正理論』T 29, 529c23）が議論の俎上にのぼ

*68　『十住毘婆沙論』（T 26, 76b）によると，一切智者たる仏は解脱に至る正道と邪道を知った上で，正道である八聖道のみを説き邪道であるヴェーダを説かなかった，と言われる．この解説によれば，仏は解脱にかかわらない事柄も含めすべてを知るからこそ，正しい修行道を選択して教示できることになろう．

*69　『順正理論』「弁業品」冒頭の文脈については，那須円照［1999］の概説を参照．

る．「悪因論者」は，生物を傷害することが好ましくない果報をもたらすことに懐疑的な論者であった．その中には祭祀による生贄の殺害は好ましい果報をもたらすと主張する婆羅門教徒たちも含まれていた[*70]．彼らによれば，明呪を用いた供犠は犠牲の羊などを利益しようとするものなので，供犠によって有情を害したとしても，好ましくない結果がもたらされるのではなく，むしろ解脱するという[*71]．

これに対し衆賢は，婆羅門教徒の主張が，犠牲の羊，供犠の実行者，供犠の参加者という三者によって直接的には知られていないと批判するが（『順正理論』T 29, 530c1–4），その批判に対し婆羅門教徒はヴェーダ（「明論」，「吠陀論」）こそが認識手段（「量」，*pramāṇa）であると反論する（同 530c4–6）．そして婆羅門教徒によれば，ヴェーダが認識手段たることの根拠は，第一にヴェーダに作者がなく明呪が常住であること（同 530c6–8），第二にヴェーダが聖仙の所説であること（同 531a10–13）であった．そしてこの第二の論拠に反論するために，衆賢は仏の言説こそが至教量（*āptāgama）であることを論じる[*72]．

以下ではまず，議論の全文を引用する．理解の便を図るため，【　】に話者と段落番号を附記した．

> 【1：婆羅門教徒】若爾，應説：「諸明論聲至教所收故，爲定量．」謂，明論説：「可愛果」等，是諸大仙至聖所見．彼傳説故，至教所攝．若順，便獲諸可愛果；違，便現遭不可愛報．
>
> 【2：衆賢】不爾．汝等所敬諸仙所證至聖非現量得，亦不可以比量准知．故彼傳説非至教攝．謂，汝所敬大仙所見明論所説：「可愛果」等，汝等曾無能少現見可以准驗所説非虚，由此比知彼證至聖，驗所傳教是至教攝．故汝所説是愚敬言．詎能了知真至教相．
>
> 【3：婆羅門教徒】且如仁等所敬大師所證至聖，亦非仁等現量所得，而許至聖，彼所説教是至教攝；餘亦應然．何獨不許？
>
> 【4：衆賢】此例非理．我等大師有至聖相，現可證得．准相比度，知證至聖．驗所説教是至教攝．
>
> 【5：婆羅門教徒】何等名爲至聖之相，與此相合至聖性成，證彼所言是至教攝．
>
> 【6-1：衆賢】夫虚誑語因貪瞋癡．我等大師圓滿證得貪瞋等過皆畢竟盡．由得此盡故，成至聖．所以發言皆至教攝．

*70 「有執：「祠祀明呪爲先害諸有情能招愛果，非泛爾害．故無前失．」」（『順正理論』T 29, 530b14–15）

*71 「祠祀明呪意欲利樂所害羊等．故能害者雖害有情，猶如良醫，不招苦果，脱生死者．」（『順正理論』T 29, 530b18–20）

*72 ここで概説した衆賢が至教量論証を開始するまでの文脈について，Kataoka [2012] および Ham [2016: 35–46, 103–107] を参照．

【6-2：衆賢】師過永盡何理證知？能圓滿説永盡道故．謂，我大師能圓滿説永盡過道．由是比知貪等諸過皆畢竟盡．

【6-3：衆賢】如何知此道能畢竟盡過能障解脱得因？由此暫永離故．若法能障衆苦盡得，由所説道能暫永離．離此法故，便能證得貪瞋癡等諸過永盡．

【6-4：衆賢】此能障法其體是何？謂，能執我，即是我見．

【6-5：衆賢】諸外道輩皆許有我．故彼不能解脱我執，以諸我執離無我見，畢竟無能令止息者．然正法外所有諸仙，皆無有能正説無我．無此教故，不離我執．以於我執不能離故，便不能證貪等永盡．不證永盡，容有虚言，成就彼因貪瞋癡故．

【6-6：衆賢】由是汝等所敬諸仙實非大仙，亦非至聖．非至聖故，彼所傳説明論等聲非至教量．以彼非量故我先辯：「於祠祀中明呪殺害非得愛果」，其理極成．由是彼言：「祠祀明呪爲利羊等．雖害有情，猶如良醫，不招苦果」，如是所説理定不成．（『順正理論』T 29, 531a10–b15）

【訳】【1：婆羅門教徒】もしそうならば（衆賢が言うようにヴェーダに作者がなく明呪が常住であることが成立しないならば），諸ヴェーダの音声は至教（*āptāgama，信頼すべき人の伝承）に収められるのであるから，認識手段であると言うべきである．つまり，ヴェーダは「好ましい果報〔がある〕」などと説くが，これは大仙という至聖（*āpta）が見たものであり，彼からの伝承であるから，至教に含まれる．もし〔ヴェーダの教説に〕したがうならば，ただちに諸々の好ましい果報を獲得し，〔ヴェーダの教説に〕背くならば，ただちに好ましくない果報に遭遇する．

【2：衆賢】そうではない．あなた方によって尊敬されている仙人たちが証得した至聖〔であること〕は，直接知によって把捉されるものではなく，また推論によって推量されることもできない．したがって彼からの伝承は至教に含まれない．つまりあなた〔方〕によって尊敬されている大仙が見たものである，ヴェーダにおける「好ましい果報がある」などの教説について，あなた方は，教説が虚構でないことを検証できるようなことをいささかなりとも現に見たことがない〔．もし現に見たのであるならば,〕これによって彼〔大仙〕が至聖〔であること〕を証得したと推論し，伝承された教説は至教に含まれることを検証〔できるだろうに〕．したがって，あなた〔方〕の所説は愚〔者だけが〕敬う言葉である．どうして真の至教の特徴を了解していることがあろうか．

【3：婆羅門教徒】まず，君たちが尊敬する大師によって至聖〔性〕が証得されて〔おり，その証得していることを〕君たちは直接知によって把捉したのではないものの，〔大師を〕至聖と認め，彼（大師）が説いた教説は至教に含まれるとするよう

に，他のもの（大仙とヴェーダの教説）についても同様〔に至聖であり，至教に含まれるとするのである〕．どうして〔大仙とヴェーダの教説〕だけを認めないのか．

【4：衆賢】この喩例は理にかなっていない．我々の大師に至聖の特徴があることについて目の当たりに証得可能であり，〔その〕特徴に準拠して推論し，〔大師が〕至聖〔性〕を証得していると知るのであり，〔また大師の〕説いた教説が至教に含まれることを検証するのである．

【5：婆羅門教徒】何が至聖の特徴と名指されており，この特徴と合致することで至聖性が成立し，それ〔至聖性〕を証得した〔者の〕教説は至教に含まれるのか．

【6-1：衆賢】そもそも虚偽の発言（*mṛṣāvāda）は，貪瞋痴を原因とする．我々の大師は貪瞋などの過失すべての究極的な滅尽を完全に証得している．この滅尽を獲得することによって，至聖となっている．したがって，発言はすべて至教に含まれる．

【6-2：衆賢】〔大〕師の過失が最終的に滅尽していることをいかなる論理によって証知するのか．〔過失を〕最終的に滅尽する道を完全に説くことができるからである．つまり，我〔々〕の大師は過失を最終的に滅尽する道を完全に説くことができる．これによって，貪などの過失がすべて最終的に滅尽していることを推論するのである．

【6-3：衆賢】どのようにしてこの道が，解脱の獲得をさまたげうる原因である過失を最終的に滅尽することができる，と知るのか．これ（道）によって段階的に〔煩悩を〕最終的に離れるからである．〔ある〕法が衆苦の滅尽の獲得をさまたげうるならば，〔仏によって〕説かれた道によって〔その法を〕段階的に，最終的に離れることができる．この法を離れるので，貪瞋痴などといった諸々の過失の最終的な滅尽を証得することができる．

【6-4：衆賢】この〔解脱を〕さまたげる法の実体は何か．すなわち，我に執着すること，つまり我見である．

【6-5：衆賢】諸々の〔仏教〕外のともがらは皆，我が存在すると認める．したがって彼〔ら〕は我執を解脱することができず，諸々の我執によって無我という見解から離れ，〔我見を〕究極的に終息させることができていない．〔この状況にありながら，〕しかし正法以外のすべての仙人たちの中には無我を正しく説く事ができる者はいない．この〔無我の〕教えが存在しないので，我執を離れることができない．我執から離れることができないことによって，貪などの最終的な滅尽を証得することができない．最終的な滅尽を証得することができないので，虚言がありうる．それ（虚言）の成立は貪瞋痴を原因とするのであるから．

【6-6：衆賢】これによってあなた方が尊敬する諸々の仙人は実は大仙ではなく，また至聖でもない．至聖でないのであるから，彼から伝承されたヴェーダなどの音声は至教という認識手段ではない．それ〔ヴェーダの音声〕が認識手段でないのであるから，私が先に「祭祀における呪文や〔生贄の〕殺害は好ましい果報を得るものではない」と述べたことは，道理が成立している．これゆえに，彼が言った「祭祀において呪文は羊などを利益する．有情を害するものの，名医のように苦なる果報をもたらさない」というような所説は，道理によって決して成立しない．

上記の引用文を一見すれば，衆賢の議論の骨子が次のようなものであることは明らかである．つまり，仏説が至教量であることは仏が至聖（*āpta）であることに由来し，そして仏の至聖性は，論証者が至聖の特徴を直接知覚し，それに準拠して推論することで知られるのである．しかしながら衆賢の論述は雑然としているので，まず彼の推論で述べられる事柄をそれが起こる時系列の順に整理し，その次に推論の順序を解説する．

ここで述べられる事柄は，仏の解脱から始まり修行者の煩悩の段階的滅尽へと至る，一連の因果関係に整理できる．仏は虚偽の発言の原因となる貪・瞋・痴を滅し（【6-1】），その後に仏は貪などの煩悩を滅する修行道を説示した（【6-2】）．その修行道は，煩悩を滅することの妨げとなる我見をも断つ，抜本的なものであった（【6-4】）．そして，仏の所説のとおりに修行した者は，煩悩の段階的な滅尽を得ることができた（【6-3】）．つまり，仏の煩悩の滅尽によって仏の修行道の説示があり，仏の説示によって修行者の煩悩の段階的な滅尽がある．

他方，推論の順序はこの因果関係を結果から原因に向けて溯行する第一段階と，仏の発言に虚偽がないことを知る第二段階に分かれる．

第一段階の推論の概要は【4】で述べられている．【4】で衆賢は，仏には目の当たりに証得可能な至聖の特徴（「至聖相，現可證得」）があり，その特徴にもとづく推論（「准相比度」）によって仏が至聖であることを知ることができるという．この至聖の特徴の内容は明言されていないものの，仏が説いた修行道による煩悩の段階的な滅尽（【6-3】）であることは明らかである．なぜならば，上記の因果関係の中で『順正理論』読者である論証者が「目の当たりに証得可能」な事柄は，これ以外にありえないからである．そして衆賢の推論によれば，この煩悩の段階的滅尽を根拠として仏が説いた修行道が煩悩を滅する正しい道であると知り（【6-3】），さらに教えを説いた仏は諸煩悩を滅しており（【6-2】），それゆえに至聖であることを推論する（【6-1】）．一方で我見を断つ方法を説かない仏教外部の者は，煩悩を滅していないことを知る（【6-4】，【6-5】）．

第二段階の推論は，【6-1】において示される．衆賢はまず，貪瞋痴が虚偽の発言の原因であるとする．つまり，「虚偽の発言があるならば，その原因である貪瞋痴が存在する」という条件関係が示されていると言ってよいだろう．これはつまり「貪瞋痴が存在しないならば，虚偽の発言はない」ということに等しい．衆賢はこの条件関係を前提として，仏の貪・瞋・痴が完全に滅されているので仏に虚偽の発言はない，つまり仏説は至教であることを導出する．

衆賢の至教量論証における因果関係と推論の順序とは，次のようにまとめることができる．表記の関係上，第二段階の推論は「(⇒　)」と表現した．なお図を簡略にするため我見と仏教外部の者に関する部分は除外してある．

因果関係

| 原因 | → | 結果：原因 | → | 結果 |
|---|---|---|---|---|
| 仏の貪瞋痴の滅＝至聖性（⇒仏説の至教量性） | | 仏の修行道の説示 | | 有情の煩悩の段階的滅尽 |
| 帰結 | ← | 根拠：帰結 | ← | 根拠 |

推論の順序

この論証において論証者は，自身の経験した煩悩の段階的滅尽をもとに仏が修行道を完全に説いたことを確認し，それによって仏自身が貪瞋痴を滅したことを推論する．したがってこの論証では，煩悩を滅する方法を完全に説く者ならば自身の煩悩（貪瞋痴）を滅している，という条件関係が用いられていることになる．衆賢はこの条件関係の根拠をここで明確に述べていない．しかしその根拠は，「至教」，「至聖」という語に含まれる「至」という語の語義から説明されうるだろう．

「至教」，「至聖」という語に含まれる「至」の原語は*āpta と推定されるが，そもそも āpta は「到達した人」を原義とする．片岡［2003: 191–196］によると，ニヤーヤスートラにおいて āpta は「対象に到達した上で，その対象について語る人」（同論文 p.196）を指すという．たとえばアーユルヴェーダの作者は，ある処方箋を目の当たりにして実際に対象に到達した人であり，それゆえに彼は病気を治す処方を正しく説くことができる．つまりアーユルヴェーダ読者の視点に立つならば．病気の処方が正しく説かれていることから，その作者が到達した人であることを知りうることになる．そしてニヤーヤスートラでは，到達した人の教示は証言（śabda）として認識手段の一つに数えられた．上記の片岡論文及び若原［1985: 52–56］によれば，この到達者とその発言の正しさに関する理解は，仏教論理学派のディグナーガにも影響しているという．

衆賢の論述にも，「至（*āpta）」についてニヤーヤスートラあるいはディグナーガなどと共通した理解が見られる*73．上記【6-1】によれば，仏は貪瞋痴の滅尽を獲得したので至聖であるという．仏が貪瞋痴を滅したということを説一切有部の法（要素）体系の中で説明するならば，仏自身が修行道を歩んだ結果それら諸煩悩の択滅（pratisaṃkhyānirodha = 涅槃）という無為法に対し獲得（prāpti）という法が生じた，と表現できるだろう*74．要するに，貪瞋痴を滅した仏は煩悩の滅に到達し，獲得した人（「至聖」）であることになる．そして煩悩を滅する方法を完全に説く者ならば自身の煩悩（貪瞋痴）を滅している，ということは，煩悩の滅に到達した者だけが，煩悩の択滅をもたらす道を説くことができるということに等しい．

したがって衆賢の至教量論証の大要は，次のようにまとめることができる．衆賢は，ニヤーヤスートラなどと同様に，到達した人（āpta）は彼が至った対象を正しく説くことができるという理解をとる．その理解を背景として，「煩悩を滅する方法を完全に説く者ならば自身の煩悩（貪瞋痴）を滅している」という条件関係を衆賢は提示する．一方で彼は，煩悩の段階的滅尽を論証者に経験可能な根拠とする．論証者はそれにもとづき仏が修行道の教示者であること，ひいては仏自身が煩悩，つまり貪瞋痴の滅に到達した者であることを導出可能であるという．そして貪瞋痴は虚偽の発言の原因とされるので，仏がそれらを滅しているということから仏説に虚偽がないこと，つまり仏説が至教量であることを推論できるという．以上からわかるように，この論証においても，先の一切智者論証と同じく，衆賢は有情の煩悩の段階的滅尽が現に起きていることを論証者が共有できる根拠として位置づけている．

### 2.3.4　二論証の根拠にある問題

衆賢は，一切智者性論証と至教量論証とに異なった条件関係を適用しながらも，両者に共通した根拠を用いた．一切智者性論証では，救済者ならば一切智者である，という条件関係を前提におきつつ，有情の煩悩の段階的滅尽が行われていることから仏が救済者であ

*73 『順正理論』のこの議論が，ニヤーヤスートラおよびディグナーガと共通する問題をあつかっているという点は興味深い．本文中で言及した若原［1985］，片岡［2003］といったディグナーガの聖典権威論を対象とした諸研究は，ディグナーガがニヤーヤスートラとその註釈における議論に影響されたという見解を取る点で共通している．しかしながら一般にディグナーガに先行すると考えられる衆賢が，近似する聖典権威論をすでに行っていることを踏まえるならば，衆賢がディグナーガに与えた影響も今後考察されるべきだろう．ただし本書の主題はあくまでも衆賢の存在論の解明にあるため，ディグナーガの思想形成における衆賢の役割について踏み込まず，今後の研究の進展を待つこととする．また衆賢がディグナーガに先行するという年代論も新たな論点を含め再検討される必要があるかもしれないが，この問題も本書の主題と関係しないため，ここでは論じない．

*74 一色［2009: 48］など参照．

り，したがって一切智者であることを導く．至教量論証では，修行道の説示者ならば至聖（到達者）である，という条件関係を前提に，同じく煩悩の段階的滅尽から仏が修行道を説いたことを，そして至聖であることを導く．つまり衆賢は，有情の煩悩の段階的滅尽を仏智の卓越性と仏説の無謬性を裏づける根拠と位置づけていた．

有情の煩悩の段階的滅尽は，たしかに仏の超常的な特性と論書読者である論証者を関係づけるものではある．第 2.2 節で論じたように衆賢は，論書読者を認識力が仏などに劣った者とし，彼らには限られた経験世界のみが認識可能であると考えた．したがって衆賢が想定する読者には，何百年も前にシャカムニ仏がすべてを知っていたことも，すべての煩悩を滅していたことも直接確認のしようがない．限られた認識しか持たない論証者にとって，仏説を学びその結果として煩悩を段階的に滅尽するということは，論証者が経験可能性なものの中でも特に仏の性質を推論するための有力な論拠と言ってよいだろう．

しかしながら衆賢が煩悩の段階的滅尽を論拠としたことには，疑問が残る．なぜなら煩悩の段階的滅尽は，一定以上の修行を行った仏教徒にのみ経験しうるものであるからである．そして第 2.2.2 節でみたように衆賢は，涅槃を論証者によって認識されないものであり，卓越した認識者である仏の教説にしたがってのみ涅槃が存在することを知りうると主張していた．つまりここで論拠とされている煩悩の段階的滅尽（＝択滅，涅槃）も，想定される論書読者自身がいまだ経験しえないものである可能性がある．であるならば，『順正理論』の記述を総合すれば，衆賢は，涅槃を論書読者に経験不可能とする一方で，彼らに涅槃を経験可能な根拠として仏の特性を論証することを求めていたことになるだろう．衆賢自身がこれらの記述の齟齬に言及した例はいまだ見出されていないため，彼がこの齟齬をどう説明するのか，またそもそも彼がこの齟齬を意識していたのかどうかさえも定かでない．したがってこの問題に，目下確定した結論を与えることはできない．

ただし以下に引用する『順正理論』の記述は，修行者の涅槃獲得に関する現状認識を衆賢が述べており，この問題を考察する手がかりとなる．以下ではその記述を元に，上記の齟齬を解釈する可能性を模索する．

『順正理論』「弁定品」末尾において衆賢は，正法（saddharma）の存続期間を論じている．まず以下に該当箇所を引用する．

> 論曰：世尊正法體有二種：一教，二證．教謂契經・調伏・對法．證謂三乘諸無漏道．若證正法住在世間，此所弘持教法亦住．理必應爾．現見東方證法衰微，教多隱沒；北方證法猶增盛故，世尊正教流布尚多．由此如來無上智境衆聖栖宅阿毘達磨無倒實義，此國盛行，非東方等所能傳習．二中教法多分依止持者・説者，得住世間；證正法住唯依行者．然非行者唯證法依，教法亦應依行者．故謂：「有無倒修行法者能令

證法久住世間．證法住時教法亦住．故教法住由持・説・行．但由行者令證法住．故佛正法隨此三人，住爾所時，便住於世．(『順正理論』T 29, 775b1–13)

【訳】論にいう．世尊の正法（saddharma）の本体には二種がある．第一に伝承（āgama)，第二に証得（adhigama）である．伝承とは，経，律，論をいう．証得とは三乗の諸々の無漏道である．もし証得という正法が世間にとどまるのならば，これによって広められる伝承〔という正〕法もとどまる．道理として必ずそうである．東方（「上座」の活動地域[*75]）では証得〔という正〕法がおとろえ，伝承の多くが隠没してしまっているが，北方では証得〔という正〕法が今なお盛んであるので，世尊の正しい伝承で流布するものがいまなお多い．これゆえに如来の最高の智の対象であり，諸々の聖者のすまいであるアビダルマの倒錯のない真実の意味が，この〔カシミール〕国では盛んに行われているが，東方などでは伝え学ぶことができていない．二つ〔の正法〕の中，伝承〔という正〕法は伝持者（dhārayitṛ）と説法者（vaktṛ）に多分に依拠し，世間にとどまるが，証得という正法はただ行者（pratipattṛ）にのみ依拠する．しかしながら行者は証得〔という正〕法のよりどころであるだけではなく，伝承〔という正〕法も行者に依っているはずである．したがって次のように言う[*76]，「倒錯なく修行する者が証得〔という正〕法を久しく世間にとどまらせる．証得〔という正〕法がとどまるとき教法もまたとどまる．したがって教法は伝承者，説法者，行者による．ただし行者によって証得〔という正〕法はとどまる．したがって仏の正法はこの三人に従いそれだけの時間とどまる，〔つまり〕世間にとどまる」と．

衆賢によれば，東方では正法が衰退しつつあるのに対し，北方では今なお正法が盛んに行われているという．北方が指す場所は，これに続く議論（註*78 参照）でカシミール毘婆沙師に言及することに鑑みると，カシミールを指すことは文脈から明らかである．この部分は『倶舎論』(Pr 459, 7–14）に対応する箇所であるが，『倶舎論』では正法の保持者

---

*75 「上座」の活動地域が衆賢の活動地域よりも東にあったことは，『順正理論』中の複数の記述によって示唆されている．加藤[1989: 57]参照．

*76 おそらく『順正理論』は，『倶舎論』対応箇所の次の一節を引用し，かつ註釈を加えているのだろう．なお，このサンスクリット本『倶舎論』では，説法者と行者が並列されて伝持者と言われるが，玄奘訳・真諦訳『倶舎論』では，『順正理論』と同じく伝持者・説法者・行者の三者が並列される．“āgamasya hi dhārayitāro vaktāraḥ / adhigamasya pratipattāraḥ / ato yāvad ete sthāsyanti tāvat saddharma iti veditavyam /”（AKBh Pr 459, 12–13)（【訳】実に伝承にとって伝持者は説法者たちであり，証得にとって〔伝持者は〕行者である．これゆえにこれらの者が存立する限りの間，正法も〔存立する〕と理解されるべきである.）

とその持続する期間を解説するにとどまり，仏教の保存状況については言及しない．また正法の持続期間を論じる他の有部論書[77]も『倶舎論』と同様である．したがってこの文章には，カシミール仏教に対する衆賢独自の見解が込められていると考えてよい[78].

---

[77] 『八犍度論』(T 26, 899a),『発智論』(T 26, 1018c),『雑心論』(T 29, 957b–c),『新婆沙』(T 27, 917b–919a).

[78] 小谷[2000: 238–240]は，当該引用文には衆賢の「同時代の教団の状況に対する悲憤が込められたような現実感」があると言う．そして，自分の時代になって阿含経典に予言されていた「正法の消滅」が「契経の隠没」として現実のものとなってきた，という感慨が衆賢にあったと推定している．

衆賢がインド仏教界全体を見渡してそのような感慨を持っていた可能性は，たしかに否定できない．しかしこの引用文の後にある『順正理論』最終偈の主張は，いささか色彩が異なる．それによると，アビダルマは正法の教導（saddharmanīti）について唯一の基準（pramāṇa）たる仏の教説であり，カシミール毘婆沙師はその意味を正しく解釈しているという（サンスクリット原語は『倶舎論』との対応により推定）．したがって，この文脈における当該引用文の力点は，仏教が衰退しつつあることにではなく，その状況にあっても北方で正法が保存されていることに置かれていると理解されるべきだろう．『順正理論』最終偈とその註釈は以下のとおり．

「阿毘達磨此論所依，此攝彼中真實要義．彼論中義釋有多途．今此論中依何理釋？頌曰：

迦濕彌羅議理成，　我多依彼，釋對法．

少有貶量爲我失．　判法正理在牟尼．

論曰：「迦濕彌羅國毘婆沙師議阿毘達磨，理善成立．我多依彼，釋對法宗．」經主此中述己本意，言：「依此國諸善逝子議對法理『大毘婆沙』．發起正勤，如理觀察，爲令正法久住世間饒益有情，故造斯論．」「多」言顯示少有異途，謂，形・像色・去來世等．然諸法性廣大甚深，如實説者甚爲難遇．自惟：「覺慧極爲微劣，不能勤求如實説者．故於廣論所立理中少有貶量爲我過失．」諸法正理廣大甚深，要昔曾於無量佛所親近修習真智資糧，方於智境一切無惑．麟喩獨覺尚於法相不能決判，況諸聲聞．彼所證法隨他教故．由此決判諸法正理唯在真實大牟尼尊．是故定知阿毘達磨真是佛説．應隨信受，無倒修行，勤求解脱．」(『順正理論』T 29, 775b13–c2)

(【訳】アビダルマはこの論のよりどころであり，これ（『倶舎論』）はその〔アビダルマ〕における真実要義を包摂している．その〔アビダルマ〕論書における意味と解釈には，多くの道筋がある．いまこの論（『倶舎論』）では，どの道理によって解釈されているのか．頌にいう．

カシミールの議論は意味が道理によって成立している．

私は，多くはそれによってアビダルマを解釈した．

価値を貶めてしまう記述が少しくあ〔っても，それは〕私の過失である．

法の正理における判定〔基準〕(saddharmanītau pramāṇam) は牟尼にある．

論にいう．〔世親は『倶舎論』自註で〕「カシミール国の毘婆沙師はアビダルマを議論し〔ており，その〕道理はよく成立している．わたしは多くはそれに依拠し，アビダルマの主張を解釈した」〔という〕．経主（世親）はここでおのれの本意を述べ，「この国の善逝の子らがアビダルマの道理を議論した大毘婆沙論に依拠し，正勤を起こして，道理のままに観察し，正法を久しく世間にとどまらせ，〔また正法によって〕有情を利益させるために，この論（『倶舎論』）を作った」と言っている．「多くは」という語は，少しく異なった道筋〔で解釈した部分〕，つまり形，影像，過去〔世〕・未来世などがあることを示している．しかしながら，諸々の法の本質は広大にして甚深であり，ありのままに説く方には甚だ遭遇しがたい．〔世親は〕自ら〔次のように〕考えた，「〔私の〕覚慧はきわめて微劣であり，ありのままに説く方を求めることができない．したがって長大な論書において立論した様々な理論の中に少しく価値を貶めてしまうものがあ〔っても，それは〕私の過失である」と．諸法の正理は広大にして甚深であり，過去に数えきれない仏のもとに直接近づいて真実智の資糧を修行してはじめて，智の対象全てにおいて迷うことが無くなる．麟角喩の独覚であってさえも法相を〔自力で〕判定することはできない．諸々の声聞はなおさらである．彼〔声聞〕が証得した法は他者の教示にしたがうものであるから．これゆえに，諸〔正〕法の正理の判定〔基

そして，衆賢のいう証得の意味を精査すれば，カシミールにおいて仏教が保存されているということに込められた意図を看取しうる．衆賢は，証得とは三乗の無漏法であるという．一般に有部論書において無漏法とは，修行道の中では見道以上の段階で獲得されるものである[*79]．そして見道においては，四聖諦を観察することで断たれる煩悩（見所断，darśanaheya）が断たれ，それらの煩悩の択滅を獲得するとされる[*80]．したがって証得を唯一保持する者と言われる「行者」とは，見道以上に修行を進めて無漏法を獲得し，なおかつ煩悩の段階的滅尽を経験した者を意味する．さて上の引用文では，行者のいるところには証得があり，証得が北方でいまなお盛んであるという．これはつまり，煩悩の段階的滅尽を経験した者が同時代の北方に多数存在する，と述べられているに等しい[*81]．

この主張をそのまま受け取るならば，人が仏教修行によって煩悩の段階的滅尽を経験することは，同時代にも起こっている事実として衆賢に受け入れられていることになるだろう．また先述の至教量論証においても衆賢は，仏教の修行によって人が煩悩を滅することを対論者である婆羅門教徒に対し論拠として提出していた．したがって少なくとも衆賢自身は，仏教によって煩悩の滅尽が起こっていることを同時代の対論者にも通用する一般的事実と位置づけていることは確かである．

以上を勘案すると，衆賢は論書読者と煩悩の段階的滅尽の経験について次のように考えていたのかもしれない．彼は，いまだ見道を迎えておらず煩悩の段階的滅尽を経験していない者を想定読者として『順正理論』を著した．しかしそのような読者であっても，滅尽経験者たちが周囲にいることは当時のカシミールで広く承認されていたため，彼らを見ることによって，仏説による修行が煩悩の滅尽をもたらすことを推測しうると考えていた．そこで読者に，仏が一切智者であり，仏説が至教量であることに関してさらなる確信が見道以後に得られることを示すために，煩悩の段階的滅尽を根拠とする論証を記述した．

この仮説は，衆賢の存在論が成立した土台について一つの可能性を示すものではある．この仮説に従えば，仏道修行によって煩悩の段階的滅尽が起こるという共通認識が衆賢と彼の周辺で受け入れられていたことが土台となって，衆賢の存在論が構築されたことにな

---

準〕は，ただ真実大牟尼尊にのみある．これゆえにアビダルマは真に仏説であると確定的に知る．追従し信受して，倒錯なく修行し，解脱を求めるべきである．）

*79 『順正理論』（T 29, 683a）など参照．

*80 『順正理論』（T 29, 332b）など参照．

*81 衆賢は見道の現観の順序に関する「上座」説を批判する際，彼自身の主張する順序を「百千諸瑜伽師依真現量證智所説，展轉傳來，如大王路諦現觀理」（『順正理論』T 29, 684a25–26）（【訳】百千のヨーガ行者たちが真の直接知である証智によって説いたもので，代々伝承されてきた，大王の通路のような諦現観の筋道）であるという．つまり有部の修行法で見道を経たヨーガ行者は，「百千」ほどもいるということになろう．

るだろう．

しかしながら『順正理論』の記述のみからこの仮説の是非を検討することははなはだ困難である．そもそも，行者が北方に存在する，という了解が，衆賢の周囲でも承認されていたかどうかは定かでない．北方に煩悩の段階的滅尽を経験した者が多数いるという主張は，実情に反した衆賢の虚勢の現れであるかもしれない，あるいは彼がそう信じているだけでまったく一般的でなかったかもしれない．とは言え，彼の主張の真意と当時の仏教教団の現状についての共通認識とを検証するには，『順正理論』述作当時における衆賢周辺の仏教界の潮流を明らかにしなければならない．しかしこれは『順正理論』の読解のみからは成しえず，本研究の対象範囲を大きく越える．したがって今回はここで考察を留め，以後は別の研究に委ねることとする．

## 2.4　本章の結論

本章では，衆賢が法の存在する根拠を何に求めていたかを考察した．

衆賢の二諦説から得られる存在認識過程によれば，勝義（究極的対象）として存在する法 X によって固有の性質の〈覚知〉が生じ，その〈覚知〉によって「法 X が存在する」と判断することが可能になる．この過程における〈覚知〉は，たしかに存在判断の根拠とはなっているが，勝義である法 X が〈覚知〉に先行して存在していることを確証するものではない．しかしながら，この法 X の存在なしに衆賢の存在論は存立しえない．したがって，勝義である法 X が存在する根拠こそが衆賢の思想基盤たるものであり，探求されねばならないことになる．

そこでまず，この根拠を考察するため，『順正理論』に見られる，特定の諸法が論証者に認識されないものの実有とされる諸例を検討した．具体的には涅槃・過去未来法・極微・名句文身・心心所である．認識者に認識されるのに先行して存在することが確定しているという点で，これら諸法と〈覚知〉に先行して存在する法とは共通しているからである．

その中で涅槃については，『成実論』の実有／非実有論争以来，論書読者はその自性を語りえないが，仏などは認識することができるという共通認識が論師たちの間にあった．『倶舎論』において世親は，直接知と推論という認識手段によって涅槃は捉えられないと主張し，それを非存在とみなした．またその一方で仏によって涅槃が存在するかのように語られた事例は，非存在に対して「存在する」という言明が日常言語において可能であるのと同様だと世親は解釈する．これに対し衆賢は，涅槃を認識しうる仏などを卓越した認識者として論書読者の上位に位置づけ，前者の認識のみが涅槃の存在の根拠となると考えた．そして仏が涅槃についてその性質を語りえている以上，仏説にいう涅槃は実体を伴った実有であると主張する．

さらに衆賢は，過去未来法・極微・名句文身・心心所についても，涅槃の場合と同様の議論を行う．これらの諸法は認識可能とされる認識者の範囲がそれぞれ異なるものの，それを度外視すれば，衆賢は共通して次の二点を述べる．第一は，これら諸法の存在が，卓越した認識者の認識よって普遍的事実として確定されていることである．それゆえ，世間一般の人などの劣った認識者が捉えられていないとしても，それらの存在は否定されえない．第二は，認識力の劣った者は仏説に従うことでこれら諸法の存在を知るということである．この第二の特徴は，経験の及ばない過去未来法と極微とに関してたしかに明言されない．しかし認識力が劣っているためそれらを観察しえない，と言われた論書読者が，それらの存在を知る方法は仏説以外にないだろう．

要約すれば衆賢は，涅槃などの諸法の存在を，仏などの認識によって予め確証づけられ，教説によって与えられた事実であると考えていた．加えて彼は，法一般も同様に考えていた可能性が高い．したがって勝義たる法が〈覚知〉に先行して存在する根拠は，究極的には仏によってそれがすでに正しく認識され，説かれているという，仏説の権威であることになる．では，仏説の権威は，何によって確証づけられるのだろうか．

『顕宗論』「序品」冒頭では，仏が文字どおりすべてを知っていることをすべてを知る者でない仏教修行者が知る論証（一切智者性論証）が行われる．衆賢は，すべてを知る者のみが有情の煩悩を知り，適切な救済を開始することができる，という一切智者理解に立ち，それを反映した「ある者が救済者であるならば，その者は一切智者である」という条件関係を用いる．そして有情の煩悩の段階的滅尽が論証者に経験されていることから仏が救済者であることを導き，それを根拠とすることで仏の一切智者性を論証しようとした．

『順正理論』「弁業品」では，ヴェーダを認識手段とする婆羅門教徒を対論者として，衆賢は仏説こそが至教量（*āptāgama, 信頼すべき人の伝承）であることを論証する．衆賢は，当時のインドにみられた到達した人（āpta）は彼が至った対象を正しく説くことができるという通念に従う．それを背景として「ある者が煩悩を滅する方法を完全に説く者ならば自身の煩悩（貪瞋痴）を滅している」という条件関係を衆賢は提示する．そして二段階からなる論証を行った．第一段階において論証者は，煩悩の段階的滅尽を経験することにより仏が修行道の教示者であることを知る．そして上述の条件関係を適用し，仏自身が煩悩つまり貪瞋痴の滅に到達した者であることを導出する．第二段階では貪瞋痴は虚偽の発言の原因とされることを前提として，仏がそれらを滅していることから仏説に虚偽がないこと，つまり仏説が至教量であることを推論する．つまり仏説が至教量であることに関しても，先の一切智者論証と同じく，衆賢は有情の煩悩の段階的滅尽が現に起きていることを論証者が共有できる根拠として位置づけ，論証を行っている．

したがって衆賢は，仏が一切智者であることと仏説が至教量であることとを，論証者に経験可能な煩悩の段階的滅尽を根拠として論証しようとしたと言える．

しかしながら第 2.2.2 節を勘案すれば，この衆賢がこの論拠を用いることには疑問が残る．衆賢は，涅槃を論書読者である論証者自身には認識されない，仏説によって存在が理解されるものとしていた．この記述によれば，衆賢が上記二論証の根拠とする煩悩の段階的滅尽（＝涅槃）は論証を行う読者に経験されないものとなってしまう．衆賢自身がこの記述の齟齬に言及することはないため，今回の研究では決定的な解釈を見出すことはできなかった．ただし『順正理論』「弁定品」末尾の記述を検討することで，この問題について一つの仮説が得られた．

衆賢によれば，正法（saddharma）には経律論という伝承（教，āgama）と三乗の無漏道という証得（adhigama）の二種があり，北方（カシミール）では証得が行者（pratipattṛ）によってよく保存されているという．有部論書一般の用語法を参照すれば，この記述からは，見道を経て煩悩の段階的滅尽を経験した者が北方に出現しているという含意を読み取れる．つまり衆賢は，煩悩の段階的滅尽を経験する者がいることを同時代の事実として語っていることになる．

この記述からは，衆賢の理解について一つの仮説が得られる．つまり，衆賢は『順正理論』読者として想定された，いまだ煩悩の段階的滅尽を経験しない者であっても，周囲で滅尽経験者が出現していることから，修行による滅尽がありうることを推測可能だと考えていたのかもしれない．しかしこの仮説の検証は，『順正理論』のみの読解によっては成しえず，本書の対象範囲を大きく越えてしまう．そのため今回は考察をここで留め，以後は別の研究に委ねることとした．

# 結論

### 本研究の総括

本研究では，『順正理論』における法の〈覚知〉に注目し，衆賢の存在論の背景となった世界観，宗教観を考察した．

第 1 章では，衆賢の三世実有説，二諦説，三現量説を中心的な資料として用い，それらの背景にある存在を認識する過程を取り出した．それらの議論を総合すると，衆賢の存在論は以下のような存在認識の過程を背景としていたことがわかる．まず実体（dravya）であって存在するものである諸法のみが認識対象たりうるとされ，勝義（究極的対象，paramārtha）と呼ばれる．この対象を単に把捉するだけではなく，それが何かを特に意識（manovijñāna）において了解するときに，典型的には「これは X である」という内容の〈覚知〉（*buddhi）が生じる．〈覚知〉の生起に際し，対象を総体的に把捉したか，類的あるいは実体的に把捉したかによって認識対象（「これ」）の異なった性質が捉えられることになるので，対象を同じくしながらも異なった内容の〈覚知〉が生じる．とくに対象を類的・実体的に把捉する〈覚知〉は，諸法の固有の性質の〈覚知〉（svabhāvabuddhi）と呼ばれる．そして「これは X である」という〈覚知〉に直結して，認識対象に対して「X が存在する」という判断が下されることになる．

さて，この存在認識過程が有意味であるためには，〈覚知〉が固有の性質に即しているか否かを判定するために，認識対象となった法が〈覚知〉に先行して確定されていなければならない．そこで〈覚知〉に先行して法が確定されていると考えられた理由を求め，まず第 2 章第 2 節では『順正理論』に見られる，特定の諸法が論証者に認識されないものの実有とされる諸法について検討した．具体的には涅槃・過去未来法・極微・名句文身・心心所である．その結果，これらの諸法は認識可能とされる認識者の範囲がそれぞれ異なるものの，それを度外視すれば，衆賢は共通して次の二点を述べていることがわかった．第一に，これら諸法が存在することは，卓越した認識者によって認識されていることにもとづき普遍的事実として確定されていることである．それゆえ，世間一般の人などの劣った認識者がそれを捉えられないとしても，それらの存在は否定されえない．第二に，認識力の劣った者は仏説に習うことでこれら諸法の存在を知るということである．つまり衆賢にとって涅槃などの諸法の存在は，仏などの認識によって予め確証づけられ，語られた事実であったことになる．加えて彼は，法一般も同様に考えていた可能性が高い．

したがって法が存在する根拠は，仏説の権威に帰される．では仏説は何ゆえにそれほどの権威を持ちうると考えられたのかを知るため，さらに第2章第3節では，『顕宗論』「序品」における仏の一切智者性論証と，『順正理論』「弁業品」における仏説の至教量論証を考察した．一切智者性論証において衆賢は，「ある者が救済者であるならば，その者は一切智者である」という条件関係を用いる．そして有情の煩悩の段階的滅尽が論証者に経験されていることから，仏が救済者であることを導き，それを根拠とすることで仏の一切智者性を論証しようとした．他方，至教量論証においても衆賢は，「煩悩を滅する方法を完全に説く者ならば自身の煩悩（貪瞋痴）を滅している」という条件関係を用い，有情の煩悩の段階的滅尽が現に起きていることを根拠として，仏が至聖であり，仏説が至教であることを導く．したがって衆賢は，仏が一切智者であることと仏説が至教量であることとを，論証者に経験可能な煩悩の段階的滅尽を根拠として論証しようとした．

しかしながら，想定読者には認識不可能なはずの煩悩の段階的滅尽（＝涅槃）が，論拠として用られていることには，疑問が残る．ただし『順正理論』「弁定品」末尾よれば，衆賢は，修行者によって煩悩の段階的滅尽が獲得されていることを同時代の事実として語っていると思われる．この記述から推測するに，『順正理論』の読者として想定された，まだ煩悩の段階的滅尽を経験していない者であっても，周囲で滅尽経験者が出現していることにより，修行によって滅尽がありうることをある程度推測可能だと，衆賢は考えていたのかもしれない．このような仮説が得られたものの，それを検証することは『順正理論』のみの読解によっては成しえず，本書の対象範囲を大きく越えてしまう．そのため今回は考察をここで留め，以後は別の研究に委ねることとした．

### 今後の課題

以上の結論は，『順正理論』における〈覚知〉という限定されたテーマを掘り下げることで得られたものではある．そうでありながら，この結論の影響する射程は『順正理論』の認識論にとどまらず，説一切有部思想研究一般における今後の課題について示唆を与えているように思われる[*1]．

---

*1 筆者は説一切有部研究分野における課題について「説一切有部と南伝上座部における存在論の比較研究—涅槃の実在性を中心として」（仏教伝道協会第3回日本人留学生奨学金報告書，2016）と「説一切有部思想解釈の刷新に向けた課題—研究史批判と『順正理論』の形而上学的研究—」（第1回東アジア仏教研

そもそも本研究は，従来の研究が行き当たった『順正理論』の存在論に関する解釈上の矛盾点を，衆賢の思想の背景となった世界観，宗教観を探求することで説明を試みたものである．その探求の結果，論書読者たる仏弟子が，仏によって認識され語られた真実のとおりに〈覚知〉を得ることで，その〈覚知〉にもとづき法の存在を判断する，という認識過程に行き着いた．そしてその認識過程は仏の認識力の卓越性と教説の無謬性によって論理的に支持され，さらにその仏と仏説の権威は仏道修行により煩悩の段階的滅尽を経験することで裏づけられるという．この衆賢の宗教的世界観に，声聞道の，抽象化され一般化された形態を読み取ることは容易である．したがって本研究は，『順正理論』における哲学的議論が，衆賢の宗教的世界観と論理的に分かちがたく連結していたことを論証したことになる．

『順正理論』は説一切有部毘婆沙師の立場から書かれた論書であり，また説一切有部はインド仏教の一派であることを勘案すれば，そこに説かれる思想が宗教的世界観に裏づけられているという主張は，ことさらめいて聞こえるかもしれない．しかしながら管見によれば，従来の研究は宗教的世界観という土台から『順正理論』の思想を論じてきたようには思われない．たとえば本分野の代表的研究の一つであるCox [1988]は，『順正理論』を中心とする有部の認識論と譬喩者のそれとの差異を説明するにあたり，両者の存在論と因果論という形而上学的基盤のみから議論を開始している．

さらに一般化するならば，説一切有部思想全般に関して，従来の研究は有部の論師それぞれの思想的特徴を明らかにすることにむしろ向かい，その思想的特徴が生まれた必然性については十分に研究が及んでいないということも可能であろう．飛田[2006]は，三世実有説の起源を研究するに際し，「三世実有説とは「何か」ということは多く明らかにされたのであるが，有部にとって「なぜ」三世実有説が必要であったかということは未だ十分に語られていない」(2) と指摘した．つまり飛田によれば，説一切有部の思想の根本にある三世実有説についてさえ，「なぜ」が研究の死角となっていたという．

誤解のないように補足すれば，従来の有部思想研究は一般に，ある教説の理論的根拠を特定の集団の定説やそこで重視されていた経典に求めることで，その教説が要請された理由を説明しようとしてきた．したがって，先行研究がこの「なぜ」という問題を完全に看過してきたとは言えない．しかしながら，先行研究のように個人の思想を集団に還元するだけでは，思想研究上のすべての疑問が解消されることはないだろう．なぜならば，集団の共通見解によってそこに所属する個人の思想が規定されることはたしかに否定されえな

究大学院生交流シンポジウムにおける口頭発表，於東京大学，2017 年 8 月 24 日）とにおいて私見を示したことがある．ただし，これらはいずれも出版されていない．本節は，これらの発表で提示したアイディアを参照しつつも，その後の研究の進展を加味し，全体を再構成したものである．

いとしても，一箇の思索者たる論師が，なぜ，どのようにして所属集団の定説や経典を自らのものとして確信したのか，という各人の思想形成についての問いが依然として残されてしまうからである．

このような研究の現状の中で，本研究が至った結論は，有部でなされた哲学的思索を，論師たちの念頭にあった宗教的世界観，具体的に言えば仏陀論や修道論といった視座から解釈しうる可能性を示唆するものである．そもそも有部の論師たちが仏道修行者であったことに鑑みれば，このような視座から彼らの思想を捉えることはむしろ当然だと言ってよい．そしてこのような視座に立って考察を進めることで，有部思想に織り込まれている，論師たちの実存に肉薄した一段深い層を捉えられる可能性がある．もしそれが可能であるならば，本研究が一部あつかったような衆賢と世親の思想的対立についても，いまだ知られていなかった局面が立ち現れることが期待されよう．

# 略号と使用テクスト

ADV *Abhidharmadīpavṛtti vibhāṣāprabhā*. See J and Li.

AKBh *Abhidharmakośabhāṣya*, by Vasubandhu. See E, L, Pr.

AKK *Abhidharmakośakārikā*, by Vasubandhu. See GOKHALE [1946].

AKVy *Sphuṭārthā Abhidharmakośavyākhyā*, by Yaśomitra. See W.

E See EJIMA [1989].

J See JAINI [1959].

L See 李鍾徹 [2005].

Li See 李学竹 [2013] and 李学竹 [2019].

P 『影印北京版西蔵大蔵経』西蔵大蔵経研究会，東京，1955–1961.

Pr See PRADHAN [1967].

T 『大正新脩大蔵経』大正一切経刊行会，東京，1924–1934.

TA Tibetan transration of the **Abhidharmakośaṭīkā Tattvārthā* by Sthiramati. P bsTan 'gyur, Ngo tshar bstan bcos, no. 5875; D bsTan 'gyur, sNa tshogs, no. 4421.

TSP See SHASTRI [1968].

W See WOGIHARA [1932–1936].

**『開元録』** 智昇撰『開元釈教録』(T no. 2154).

**『甘露味論』** 瞿沙造失訳『阿毘曇甘露味論』(T no. 1553).

**『倶舎論』** See AKBh.

**『旧婆沙』** 迦旃延子造五百羅漢釈浮陀跋摩・道泰等訳『阿毘曇毘婆沙論』(T no. 1546).

**『顕宗論』** 衆賢造玄奘訳『阿毘達磨蔵顕宗論』(T no. 1563).

**玄奘訳『倶舎論』** 尊者世親造玄奘訳『阿毘達磨倶舎論』(T no. 1558).

**『光記』** 普光述『倶舎論記』(T no. 1821).

**『五事婆沙』** 法救造玄奘訳『五事毘婆沙論』(T no. 1555).

**『五事論』** 法成訳『薩婆多宗五事論』(T no. 1556).

**『五法行』** 安世高訳『阿毘曇五法行経』(T no. 1557).

**『識身足論』** 提婆設摩造玄奘訳『阿毘達磨識身足論』(T no. 1539).

**『衆事分論』** 世友造求那跋陀羅・菩提耶舎訳『衆事分阿毘曇論』(T no. 1541).

**『十住毘婆沙論』** 聖者龍樹造鳩摩羅什訳『十住毘婆沙論』(T no. 1521).

**『順正理論』** 衆賢造玄奘訳『阿毘達磨順正理論』(T no. 1562).

**『成実論』** 訶梨跋摩造鳩摩羅什訳『成実論』(T no. 1646).

**真諦訳『倶舎論』** 婆藪盤豆造真諦訳『阿毘達磨倶舎釈論』(T no. 1559).

**『新婆沙』** 五百大阿羅漢等造玄奘訳『阿毘達磨大毘婆沙論』(T no. 1545).

**『心論』** 法勝造僧伽提婆・慧遠訳『阿毘曇心論』(T no. 1550).

**『心論経』** 法勝論優波扇多釈那連提耶舎訳『阿毘曇心論経』(T no. 1551).

**『雑阿含経』** 求那跋陀羅訳『雑阿含経』(T no. 99).

**『雑心論』** 法救造僧伽跋摩等訳『雑阿毘曇心論』(T no. 1552).

**『西域記』** 玄奘訳弁機撰『大唐西域記』(T no. 2087).

**『智度論』** 龍樹菩薩造鳩摩羅什訳『大智度論』(T no. 1509).

**『南海寄帰内法伝』** 義浄撰『南海寄帰内法伝』(T no. 2125).

**『入阿毘達磨論』** 塞建陀羅造玄奘訳『入阿毘達磨論』(T no. 1554).

**『婆藪槃豆法師伝』** 真諦訳『婆藪槃豆法師伝』(T no. 2049).

**『婆須蜜論』** 尊婆須蜜造僧伽跋澄等訳『尊婆須蜜菩薩所集論』(T no. 1549).

**『八犍度論』** 迦旃延子造僧伽提婆・竺仏念訳『阿毘曇八犍度論』(T no. 1543).

**『鞞婆沙』** 尸陀槃尼撰僧伽跋澄訳『鞞婆沙論』(T no. 1547).

**『法蘊足論』** 大目乾連造玄奘訳『阿毘達磨法蘊足論』(T no. 1537).

**『発智論』** 迦多衍尼子造玄奘訳『阿毘達磨発智論』(T no. 1544).

**『品類足論』** 世友造玄奘訳『阿毘達磨品類足論』(T no. 1542).

# 参考文献

Anālayo, Ven.

[2006] "The Buddha and Omniscience," *The Indian International Journal of Buddhist Studies* 7, pp.1–20.

Buescher, John B.

[2005] *Echoes from an Empty Sky: The Origins of the Buddhist Doctrine of the Two Truths*, Snow Lion, New York and Colorado.

Chung, Jin-il

[2008] 『A Survey of the Sanskrit Fragments Corresponding to the Chinese Saṃyuktāgama: 雑阿含経相当梵文断片一覧』, The Sankibo Press, Tokyo.

Collins, Steven

[1998] *Nirvana and Other Buddhist Felicities: Utopias of the Pali Imaginaire*, Cambridge University Press, Cambridge.

Cox, Collett

[1988] "On the Possibility of a Nonexistent Object of Consciousness: Sarvāstivādin and Dārṣṭāntika Theories," *The Journal of the International Association of Buddhist Studies* 11-1, pp.31–87.

[1995] *Disputed Dharmas: Early Buddhist Theories on Existence: An Annotated Translation of the Section on Factors Dissociated from Thought from Saṅghabhadra's Nyāyānusāra*, The International Institute for Buddhist Studies, Tokyo.

[1999] "Saṅghabhadra, Nyāyānusāra," *Encyclopedia of Indian Philosophies VIII Buddhist Philosophy from 100 to 350 A. D.*, Motilal Banarsidass Publishers Private Limited, Delhi, pp.651–716.

[2004] "From Category to Ontology: the Changing Role of *Dharma* in Sarvāstivāda Abhidharma," *Journal of Indian Philosophy* 32, pp.543–597.

Dhammajoti, K

[2002] “The Sarvāstivāda Conception of Nirvāṇa,” *Buddhist and Indian Studies in Honour of Dr. Sodo Mori*, International Buddhist Association, Hamamatsu, pp.335–348.

DHAMMAJOTI, KL

[2007a] *Abhidharma Doctrines and Controversies on Perception*, Centre for Buddhist Studies, The University of Hong Kong, Hong Kong. 3rd. ed., 1st. ed. in 1997.

[2007b] *Sarvāstivāda Abhidharma*, Centre for Buddhist Studies, The University of Hong Kong, Hong Kong. 3rd ed., 1st. ed. in 2002.

[2009] *Sarvāstivāda Abhidharma*, Centre for Buddhist Studies, The University of Hong Kong, Hong Kong. 4th ed., 1st ed in 2002.

[2012] “Abhidharma Debates on the Nature of the Objects of Sensory Perception,” *Journal of Buddhist Studies* 10, pp.203–234.

[2015] *Sarvāstivāda Abhidharma*, The Buddha-Dharma Centre of Hong Kong, Hong Kong. 5th ed., 1st ed in 2002.

[2016] “The Contribution of Saṃghabhadra to Our Understanding of Abhidharma Doctrines,” *Text, History, and Philosophy: Abhidharma across Buddhist Scholastic Traditions*, Brill, Leiden, Boston, pp.223–247.

EJIMA, Yasunori

[1989] *Abhidharmakośabhāṣya of Vasubandhu: Chapter I: Dhātunirdeśa*, The Sankibo Press, Tokyo.

FRAUWALLNER, Erich

[1956] *Die Philosophie des Buddhismus*, 2 of *Texte der Indischen Philosophie*, Akademie-Verlag, Berlin.

[1973] “Abhidharma-Studien V,” *Wiener Zeitschrift für die Kunde Südasiens und Archiv für indische Philosophie* 17, pp.97–121.

GOKHALE, V. V.

[1946] “The Text of the Abhidharmakośakārikā of Vasubandhu,” *Journal of The Bombay Branch of the Royal Asiatic Society(New Series)* 22, pp.72–102.

HAM, Hyoung Seok

[2016] *Buddhist Critiques of the Veda and Vedic Sacrifice: A Study of Bhāviveka's Mīmāṃsā Chapter of the Madhyamakahṛdayakārikā and Tarkajvālā*, PhD thesis, University of Michigan.

HATTORI, Masaaki

[1968] *Dignāga, On Perception*, Harvard University Press, Massachusetts.

JAINI, Padmanabh S.

[1959] *Abhidharmadīpa with Vibhāṣāprabhāvṛtti*, Kashi Prasad Jayaswal Research Institute, Patna.

KATAOKA, Kei

[2003] "Kumārila's Critique of Omniscience," *Studies in the History of Indian Thought* 15, pp.35–69.

[2012] "Is Killing Bad?: Dispute on Animal Sacrifices between Buddhism and Mīmāṃsā," *Goodness of Sanskrit: Studies in Honour of Professor Ashok N. Aklujkar*, D. K. Printworld, New Delhi, pp.349–367.

KATSURA, Shoryu

[1976] "On *Abhidharmakośa* VI.4," 『インド学報』2, p.28.

KRAMER, Jowita

[2013] *Sthiramati's Pañcaskandhakavibhāṣā*, China Tibetology Publishing House and Austrian Academy of Sciences Press, Beijing — Vienna. 2 vols.

KWAN, Siutong

[2010] *From Abhidharma to Pramāṇa School: A Critical Hermeneutics of their Epistemology and Philosophy of Language*, PhD thesis, The University of Hong Kong.

LA VALLÉE POUSSIN, Louis de

[1930] "Documents D'Abhidharma," *Bulletin de l'École Française d'Extrême-Orient* 30-3–4, pp.247–298.

[1923–1931] *L'Abhidharmakośa de Vasubandhu*, Librairie Orientaliste Paul Geuthner, Paris. 6 vols.

[1936–1937] "Documents D'Abhidharma," *Mélanges chinois et Bouddhiques* 5, pp.7–187.

Lodrö Sangpo, Gelong

[2012] *Abhidharmakośa-Bhāṣya of Vasubandhu: the Treasury of the Abhidharma and its (Auto) Commentary*, Motilal Banarsidass, Delhi. An Annotated English Translation of LaValléePoussin[1923–31] with a New Introduction by Bhikkhu KL Dhammajoti.

Monier-Williams, Monier

[1899] *A Sanskrit-English Dictionary : Etymologically and Philologically Arranged with Special Reference to Cognate Indo-European languages*, Clarendon Press, Oxford. Reprinted by Oxford University Press in 1979.

Moriyama, Shinya

[2014] *Omniscience and Religious Authority: A Study on Prajñākaragupta's Pramāṇavārttikālaṅkārabhāṣya ad Pramāṇavārttika II 8–10 and 29–33*, LIT Verlag, Berlin.

Park, Changhwan

[2014] *Vasubhandu, Śrīlāta, and the Sautrāntika Theory of Seeds*, Arbeitskreis für Tibetische und Buddhistische Studien Universität Wien, Wien.

Pradhan, P.

[1967] *Abhidharma-kośabhāṣya of Vasubandhu*, Kashi Prasad Jayaswal Research Institute, Patna.

Pruden, Leo M.(trans.)

[1988–1990] *Abhidharmakośabhāṣyam by Louis de la Vallée Poussin*, Asian Humanities Press, Carifornia. A English Translation of LaValléePoussin[1923–31]. 4 vols.

Rosenberg, Otto

[1924] *Die Probleme der Buddhistischen Philosophie*, Kommission bei O. Harrassowitz, Heiderberg. Translated from Russian by Frau E. Rosenberg.

Sharf, Robert

[2018] "Knowing Blue: Early Buddhist Accounts of Non-Conceptual Sense," *Philosophy East and West* 68-3, pp.826–870.

Shastri, Swami Dwarikadas

[1968] *Tattvasaṅgraha of Ācārya Shāntarakṣita with the Commentary 'Pañjikā' of Shri Kamalshīla*, Bauddha Bharati, Varanasi.

SHIGA, Kiyokuni

[2018] "How to Deal with Future Existence: *sarvāstivāda*, Yogic Perception, and Causality," *Journal of Indian Philosphy* 46, pp.437–454.

SOLOMON, E. A.

[1962] "The Problem of Omniscience (*Sarvajñatva*)," *The Adyar Library Bulletin* 26-1/2, pp.36–77.

STEINKELLNER, Ernst

[1982] "The Spiritual Place of the Epistemological Tradition in Buddhism," *Nanto Bukkyo* 49, pp.1–15.

TRIPĀṬHĪ, Chandrabhāl

[1962] *Fünfundzwanzig Sūtras des Nidānasaṃyukta*, Akademie Verlag, Berlin.

WILLEMEN, Charles, DESSEIN, Bart, and COX, Collett

[1998] *Sarvāsivāda Buddhist Scholasticism*, Brill, Leiden.

WILLIAMS, Paul M.

[1981] "On the Abhidharma Ontology," *Journal of Indian Philosophy* 9, pp.227–257.

WOGIHARA, Unrai

[1932–1936] *Sphuṭārthā Abhidharmakośavyākhyā: The Work of Yaśomitra*, The Publishing Association of the Abhidharmakośavyākhyā, Tokyo.

YAO, Zhihua

[2005] *The Buddhist Theory of Self-Cognition*, Routledge, New York.

YE, Shaoyong, PENG, Jinzhang, and LIANG, Xushu

[2016] "Sanskrit Fragments of Abhidharma Texts Found in Dunhuang [12 figures]," *Annual Report of the International Research Institute for Advanced Buddhology* 19, pp.211–216.

青原 令知

[1986a] 「『順正理論』における有の体系」, 『印度学仏教学研究』34-2, pp.765–768.

[1986b] 「アビダルマ存在論の展開—『倶舎論』の実有解釈とその影響—」,『龍谷大学大学院紀要文学研究科』7, pp.75–78.

[1986c] 「作用と功能—衆賢説における実有構造ー」,『仏教学研究』42, pp.21–42.

赤沼 智善

[1933–1934]『順正理論（国訳一切経毘曇部 27–30)』, 大東出版社, 東京.

秋本 勝

[1997] 「スティラマティの『倶舎論』註—三世実有説（和訳）IV—」,『国際文化研究所論叢』8, pp.101–111.

[2000] 「スティラマティの『倶舎論』註—三世実有説（和訳）VI—」,『インドの文化と論理（戸崎宏正博士古稀記念論文集)』, 九州大学出版会, 福岡, pp.223–240.

[2002] 「仏教における存在の定義—その一系譜—」,『初期仏教からアビダルマへ（櫻部建博士喜寿記念論集)』, 平楽寺書店, 京都, pp.23–36.

[2016] 『仏教実在論の研究（上)』, 山喜房佛書林, 東京.

[2019] 「『倶舎論』安慧釈 (TA) に見られる『順正理論』(NA)：三世実有説を巡って」,『研究紀要（京都女子大学宗教・文化研究所)』32, pp.51–74.

一色 大悟

[2008] 「十二支縁起が五蘊からなることの意味をめぐって」,『印度学仏教学研究』56-2, pp.866–869.

[2009] 「有部アビダルマ文献における無為法の実有論証について」,『インド哲学仏教学研究』16, pp.39–54.

[2012] 「『順正理論』における引果と取果」,『インド哲学仏教学研究』19, pp.73–89.

[2015a] 「『倶舎論』の〈大地 (-mahābhūmika)〉説の特色」,『仏教学』56, pp.(27)–(47).

[2015b] 「説一切有部の極微論：『順正理論』における和集極微の解釈について」,『印度学仏教学研究』63-2, pp.953–957.

[2016] 「衆賢の一切智者論証」,『智慧のともしび　アビダルマ仏教の展開—インド・東南アジア・チベット篇—（三友健容博士古稀記念論文集)』, 山喜房佛書林, 東京, pp.646–662.

[2017] 「説一切有部の prajñā」,『仏教文化研究論集』18/19, pp.17–28.

稲見 正浩

[1986] 「ダルマキールティの「慈悲の修習」の議論」,『印度学仏教学研究』35-1, pp.361–365.

［1988］　「ダルマキールティにおける仏道」，『日本仏教学会年報』54, pp.59–72.

岩田 孝

［2000］　「世尊は如何にして公準（pramāṇa）となったのか」，『駒沢短期大学仏教論集』6, pp.1–38.

［2001］　「世尊の量性の証明の一解釈―プラジュニャーカラグプタの解釈の視点から―」，『印度哲学仏教学』16, pp.280–310.

宇井 伯寿

［1933］　『成実論（国訳一切経論集部 3）』, 大東出版社, 東京.

上杉 宣明

［1976］　「説一切有部の極微論研究」，『仏教学セミナー』24, pp.37–52.

［1978］　「無礙解について」，『印度学仏教学研究』27-1, pp.207–209.

［1979］　「阿毘達磨仏教の言語論―名・句・文―」，『仏教学セミナー』30, pp.26–45.

上野 牧生

［2014］　「仏教徒にとって *satya* はいくつあるか―『釈軌論』と『順正理論』の観点から―」，『仏教学セミナー』99, pp.103–132.

江島 恵教

［1989］　「スティラマティの『倶舎論』註とその周辺―三世実有説をめぐって―」，『仏教学』19, pp.5–32.

大山 公淳

［1919］　「倶舎論の二諦説」，『六大新報』796, pp.11–12.

小谷 信千代

［2000］　『法と行の思想としての仏教』, 文栄堂, 京都.

小谷 信千代・本庄 良文

［2007］　『倶舎論の原典研究　随眠品』, 大蔵出版, 東京.

梶山 雄一

［1983］　『仏教における存在と知識』, 紀伊國屋書店, 東京.

片岡 啓

［2003］　「仏陀の慈悲と権威をめぐる聖典解釈学と仏教論理学の対立」，『東洋文化研究所紀要』142, pp.158–198.

桂 紹隆

[2012] 「仏教論理学の構造とその意義」,『認識論と論理学（シリーズ大乗仏教第九巻）』, 春秋社, 東京, pp.3–48.

[2015] 「法の概念」,『倶舎　絶ゆることなき法の流れ』, 自照社出版, 京都, pp.3–20.

加藤 純章

[1973] 「極微の和合と和集—有部と経量部の物質の捉え方—」,『豊山教学大会紀要』1, pp.129–137.

[1985] 「自性と自相—三世実有説の展開—」,『仏教思想の諸問題（平川彰博士古稀記念論集）』, 春秋社, 東京, pp.487–509.

[1988] 「アビダルマ仏教の形成」,『インド仏教 1（岩波講座東洋思想第 8 巻）』, 岩波書店, 東京, pp.117–143.

[1989] 『経量部の研究』, 春秋社, 東京.

川崎 信定

[1981] 「一切智（sarvajña）思想の展開」,『大乗仏教から密教へ（勝又俊教博士古稀記念論集）』, 春秋社, 東京, pp.199–217.

[1992] 『一切智思想の研究』, 春秋社, 東京.

河村 孝照

[1974] 『阿毘達磨論書の資料的研究』, 日本学術振興会, 東京.

木村 誠司

[2011a] 「アビダルマの二諦説—序章—」,『駒沢大学仏教学部論集』42, pp.326–350.

[2011b] 「dravyasat・prajñaptisat 覚え書き」,『インド論理学研究』3, pp.105–125.

[2012] 「アビダルマの二諦説—訳注研究・インド編 I—」,『駒沢大学仏教学部論集』43, pp.434–468.

百済 康義

[1982a] 「ウイグル訳アビダルマ論書に見る論師・論書の梵名」,『印度学仏教学研究』31-1, pp.371–374.

[1982b] 「ウイグル訳『阿毘達磨順正理論』抄本」,『仏教学研究』38, pp.1–27.

現銀谷 史明

[2002] 「二諦と自性—チベットにおける『倶舎論』解釈の一断面—」,『東洋学研究』39, pp.295–308.

［2014］ 「勝義諦について―チベット『倶舎論』註釈書における展開―」,『印度学仏教学研究』62-2, pp.1001–1006.

斎藤 明

［2010］ 「二諦と三性―インド中観・瑜伽行両学派の論争とその背景―」,『印度哲学仏教学』25, pp.335–348.

坂本 幸男

［1981］ 『阿毘達磨の研究（坂本幸男論文集第一）』, 大東出版社, 東京.

櫻部 建

［1952］ 「説一切有の立場」,『大谷学報』31-1, pp.34–53.

［1969］ 『倶舎論の研究　界・根品』, 法蔵館, 京都.

櫻部 建・上山 春平

［1996］ 『存在の分析〈アビダルマ〉（仏教の思想 2）』, 角川書店, 東京.

櫻部 建・小谷 信千代・本庄 良文

［2004］ 『倶舎論の原典研究　智品・定品』, 大蔵出版, 東京.

佐古 年穂

［2001］ 「『倶舎論』における dravya について」,『空と実在（江島恵教博士追悼論集）』, 春秋社, 東京, pp.37–50.

佐々木 現順

［1949］ 『仏教に於ける有の形而上学』, 清水弘文堂, 東京.

［1958］ 『阿毘達磨思想研究―仏教実在論の歴史的批判的研究―』, 清水弘文堂, 東京.

［1969］ 『阿毘達磨順正理論―三世実有論―』, 東本願寺出版部, 京都.

［1974］ 『仏教における時間論の研究』, 清水弘文堂, 東京.

［1990］ 『業論の研究　順正理論・業品の解明』, 法蔵館, 京都.

佐々木 宣祐

［2011］ 「所知障の研究――切智者と不染汚無知説―」,『大谷大学大学院研究紀要』28, pp.35–65.

［2013］ 『所知障の研究』, 博士論文, 龍谷大学.

佐藤 哲英

［1932］ 「阿毘達磨論書に現はるゝ二諦説」,『宗学院論輯』11, pp.181–209.

[1933] 「阿毘達磨論書に現はるゝ二諦説（二）」,『宗學院論輯』12, pp.135–168.

志賀 浄邦

[2015a] 「*Tattvasaṃgraha* および *Tattvasaṃgrahapañjikā* 第 21 章「三時の考察 (Traikālyaparīkṣā)」校訂テキストと和訳 (kk. 1785–1808)」,『インド学チベット学研究』19, pp.158–209.

[2015b] 「仏教における存在と時間：三世実有論をめぐる諸問題を再考する」,『インド哲学仏教学研究』22, pp.151–174.

[2016] 「*Tattvasaṃgraha* および *Tattvasaṃgrahapañjikā* 第 21 章「三時の考察 (Traikālyaparīkṣā)」校訂テキストと和訳 (kk. 1809–1855)」,『インド学チベット学研究』20, pp.76–130.

曹 彦

[2014] 『《阿毘達磨順正理論》実有観念研究』, 武漢大学出版社, 武漢.

高橋 壮

[1970] 「『倶舎論』の二諦説」,『印度学仏教学研究』19-1, pp.130–131.

瀧川 郁久

[1999] 「『瑜伽論』における認識の継起—特に第六意識の分別について—」,『東洋の思想と文化』16, pp.20–37.

田中 裕成

[2019] 「倶舎論における非伝説句の立場—総縁法念住の内容を巡って—」,『印度学仏教学研究』68-1, pp.435–439.

張 富萍

[1995] 「『倶舎論』「賢聖品」における二諦説について」,『駒沢大学大学院仏教学研究会年報』28, pp.128–137.

陳 世賢

[2007] 「世親､衆賢対「三世実有」思想所拠「認識条件」的論弁」,『正観』42, pp.135–187.

塚本 啓祥・松長 有慶・磯田 煕文

[1990] 『梵語仏典の研究 III 論書篇』, 平楽寺書店, 京都.

槻木 裕

[1975] 「「自性」と説一切有部の存在論」,『仏教研究論集（橋本博士退官記念）』, 清文堂, 大阪, pp.273–287.

寺石 悦章

［1992］ 「衆賢の極微説」, 『宗教研究』291, pp.164–165.

飛田 康裕

［2006］ 「『識身足論』における三世実有の一理由の考察―なぜ, 「観察されるものは, 存在しなければならない」か―」, 『東洋の思想と宗教』23, pp.1–24.

［2011］ 「アビダルマ文献に見える仏説の正しさの根拠に関する考察―『識身足論』の三世実有論証をもとに―」, 『日本仏教学会年報』76, pp.87–116.

［2013］ 『説一切有部における三世実有論の形成―『阿毘達磨識身足論』の分析を中心に―』, 博士論文, 早稲田大学.

那須 円照

［1997a］ 「アビダルマの極微論（2）―極微が触れるか触れないかという問題を中心として―」, 『インド学チベット学研究』2, pp.60–86.

［1997b］ 「アビダルマの極微論（1）―極微が触れるか触れないかという問題を中心として―」, 『仏教学研究』53, pp.1–27.

［1999］ 「『順正理論』弁業品における衆賢の外教批判」, 『印度学仏教学研究』47-2, pp.890–894.

［2006］ 「*Pratisaṃkhyānirodha*―"Documents d'Abhidharma traduits et annotés par Louis de La Vallée Poussin: Textes relatifs au *Nirvāṇa* et aus *Asaṃskṛta* en général II." *Bulletin de l'École Française d'Extrême-Orient* 30: p.272.11–292.17 の和訳研究」, 『インド学チベット学研究』9/10, pp.81–107.

［2009］ 『アビダルマ仏教の研究—時間・空間・涅槃—』, 永田文昌堂, 京都.

［2017］ 「『順正理論』における三世実有論の研究（1）」, 『インド学チベット学研究』21, pp.29–54.

［2018］ 「『順正理論』における三世実有論の研究（2）」, 『インド学チベット学研究』22, pp.1–25.

那須 良彦

［2015］ 「諸法の体系―いわゆる五位七十五法―」, 『倶舎　絶ゆることなき法の流れ』, 自照社出版, 京都, pp.30–85.

浪花 宣明

［2008］ 『パーリ・アビダンマ思想の研究：無我論の構築』, 平楽寺書店, 京都.

西 義雄

[1935] 『倶舎論（国訳一切経毘曇部 25–26）』, 大東出版社, 東京.

[1975] 『阿毘達磨仏教の研究—その真相と使命—』, 国書刊行会, 東京.

野武 美彌子・瀧川 郁久・坂井 淳一

[1996] 「『倶舎論』安慧註における自相と共相」, 『東洋の思想と宗教』13, pp.24–50.

服部 正明

[1961] 「ディグナーガ及びその周辺の年代」, 『塚本博士頌寿記念仏教史学論集』, 塚本博士頌寿記念会, 京都, pp.79–96.

[1991] 「仏教論理学派の宗教性」, 『インド中世思想研究』, 春秋社, 東京, pp.153–169.

兵藤 一夫

[2005] 「初期瑜伽行派における極微説批判（一）」, 『仏教とジャイナ教（長崎法潤博士古稀記念論集）』, 平楽寺書店, 京都.

[2006] 「初期瑜伽行派における極微説批判（二）」, 『仏教学セミナー』84, pp.35–64.

平井俊栄・荒井裕明・池田道浩

[1999] 『成実論（新国訳大蔵経 15）』, 大蔵出版, 東京.

平岡 聡

[2002] 『説話の考古学—インド仏教説話に秘められた思想—』, 大蔵出版, 東京.

平川 彰

[1973–1978]『倶舎論索引』, 大蔵出版, 東京.

福田 琢

[1988a] 「『順正理論』の三世実有説」, 『仏教学セミナー』48, pp.48–68.

[1988b] 「『順正理論』に於ける有為の四相」, 『印度学仏教学研究』37-1, pp.60–62.

[1996] 「実在しない認識対象の可能性をめぐって—説一切有部と譬喩者の理論—」, 『同朋仏教』31, pp.15–79. Cox[1988] の和訳.

[1997] 「『大毘婆沙論』に見える譬喩者の心心所別体説」, 『印度学仏教学研究』45-2, pp.910–913.

[2002] “Bhagavadviśeṣa,”『初期仏教からアビダルマへ（櫻部建博士喜寿記念論集）』, 平楽寺書店, 京都, pp.37–56.

福原 亮厳

[1958] 「有部の有の論証の史的展開」, 『印度学仏教学研究』7-1, pp.233–236.

［1962］ 「仏典に見える物質（色）の研究—有部説を中心として—」,『印度学仏教学研究』10-1, pp.12–23.

［1965］ 『有部阿毘達磨論書の発達』, 永田文昌堂, 京都.

藤田宏達

［1988］ 「涅槃」,『インド仏教 2（岩波講座東洋思想第 9 巻）』, 岩波書店, 東京, pp.264–286.

古坂 紘一

［1985］ 「四無礙解について」,『印度学仏教学研究』34-1, pp.331–338.

本庄 良文

［2014］ 『倶舎論註ウパーイカーの研究　訳註篇　下』, 大蔵出版, 東京.

前田 英一

［2005］ 「『婆沙論』における無分別のとらえ方について」,『印度学仏教学研究』54-1, pp.397–401.

［2006a］ 「説一切有部における定中の言語に対する考え方の変遷について」,『印度学仏教学研究』55-1, pp.386–390.

［2006b］ 「『婆沙論』に説かれる定中における言語について」,『早稲田大学大学院文学研究科紀要第 1 分冊』51, pp.79–89.

松島 央龍

［2009］ 「衆賢の刹那滅論証」,『仏教学研究』65, pp.21–50.

松田 和信

［1985］ 「*Vyākhyāyukti* の二諦説—Vasubandhu 研究ノート（2）—」,『印度学仏教学研究』33-2, pp.750–756.

［2010］ 「五蘊論スティラマティ疏に見られるアーラヤ識の存在論証」,『インド論理学研究』1, pp.195–211.

［2014a］ 「倶舎論註釈書「真実義」の梵文写本とその周辺」,『インド哲学仏教学論集』2, pp.1–21.

［2014b］ 「スティラマティ疏から見た倶舎論の二諦説」,『印度学仏教学研究』63-1, pp.379–387.

水田 恵純

［1977］ 「名句文に関する論争」,『印度学仏教学研究』25-2, pp.652–653.

水野 弘元

［1954］ 「仏教における色（物質）の概念について」,『印度哲学と仏教の諸問題（宇井伯壽博士還暦記念論文集）』, 岩波書店, 東京, pp.479–502.

［1964］ 『パーリ仏教を中心とした仏教の心識論』, 山喜房佛書林, 東京.

［1997a］ 「心・心所に関する有部・経部等の論争」,『仏教教理研究（水野弘元著作選集 2）』, 春秋社, 東京, pp.263–277. 初出『宗教研究』9-3（1932）.

［1997b］ 「無為法について」,『仏教教理研究（水野弘元著作選集 2）』, 春秋社, 東京, pp.407–423. 初出『印度学仏教学研究』10-1（1962）.

三友 健容

［2007］ 『アビダルマディーパの研究』, 平楽寺書店, 京都.

箕浦 暁雄

［2002］ 「択滅について」,『印度学仏教学研究』50-2, pp.894–897.

［2018］ 「アビダルマにおける受蘊の規定」,『仏教学セミナー』108, pp.1–28.

宮下 晴輝

［1983］ 「倶舎論註釈書 *Tattvārtha* の試訳―第七章第一偈より第六偈まで―」,『仏教学セミナー』38, pp.87–110.

［1994］ 「アビダルマにおける自性の意味―三世実有説の再検討―」,『仏教学セミナー』59, pp.98–126.

［1997］ 「有部の論書における自性の用例」,『仏教学セミナー』65, pp.79–94.

室寺 義仁

［2009］ 「『阿毘達磨倶舎論』における‘*sarvajña*’」,『印度学仏教学研究』57-2, pp.917–925.

護山 真也

［2012］ 「全知者証明・輪廻の証明」,『認識論と論理学（シリーズ大乗仏教第九巻）』, 春秋社, 東京, pp.227–257.

矢板 秀臣

［2005］ 『仏教知識論の原典研究―瑜伽論因明，ダルモッタラティッパナカ，タルカラハスヤ―』, 成田山新勝寺, 成田.

葉 少勇・彭 金章・梁 旭澍

［2018］ 「敦煌研究院旧蔵阿毘達磨梵文残葉」,『敦煌研究』168, pp.123–130.

横山 紘一

［1978］ 「仏教の言語観（一）（二）」,『三蔵集　第三輯』, 大東出版社, 東京, pp.109–124. 再録．初出 1975 年.

吉田 哲

［2011］ 「「現量覚」による衆賢の「識境倶生」説」,『印度学仏教学研究』60-1, pp.384–387.

吉村 誠

［2012］ 「中国唯識思想史の展開」,『唯識と瑜伽行（シリーズ大乗仏教第七巻）』, 春秋社, 東京, pp.255–290.

吉元 信行

［1982］ 『アビダルマ思想』, 法蔵館, 京都.

［1985］ 「涅槃・滅諦の異名」,『大谷大学研究年報』37, pp.125–183, (1)–(11).

李 学竹

［2013］ 「*Abhidharmadīpa* の序分について」,『印度学仏教学研究』62-1, pp.373–379.

［2019］ 「*Abhidharmadīpa* の新出梵文写本―18–32 偈について―」,『印度学仏教学研究』68-1, pp.428–434.

李 鍾徹

［2000］ 「空と実在に関する巨視的素描―説一切有部の二諦論から唯識思想まで―」,『空と実在（江島恵教博士追悼記念論集）』, 春秋社, 東京, pp.151–161.

［2005］ *Abhidharmakośabhāṣya of Vasubandhu Chapter IX: Ātmavādapratiṣedha*, The Sankibo Press, Tokyo. with critical notes by the late Prof. Yasunori Ejima（江島恵教）.

若原 雄昭

［1985］ 「アーガマの価値と全知者の存在証明―仏教論理学派に於る系譜―」,『仏教学研究』41, pp.52–78.

荻原 雲来

［1933］ 『和訳称友倶舎論疏（一）』, 梵文倶舎論疏刊行会, 東京.

荻原 雲来・山口 益

［1934］ 『和訳称友倶舎論疏（二）』, 梵文倶舎論疏刊行会, 東京.

［1939］ 『和訳称友倶舎論疏（三）』, 梵文倶舎論疏刊行会, 東京.

順正理論における法の認識―有部存在論の宗教的基盤に関する一研究―
〔インド学仏教学叢書 25〕

2020 年 3 月 27 日　初版第一刷　発行

著　者　一色　大悟
発行者　インド学仏教学叢書編集委員会
代表　下田正弘
〒113-0033 東京都文京区本郷 7-3-1
東京大学文学部インド哲学仏教学研究室内
発売所　山喜房佛書林
〒113-0033 東京都文京区本郷 5-28-5
電話　03-3811-5361



ISBN 978-4-7963-0293-7